自我と生命

創発する意識の自然学への道

河村次郎 著

自我と生命——創発する意識の自然学への道——＊目次

自我と生命

——創発する意識の自然学への道——

序

我々は日常の生活において常に自己を意識しているわけではないし、生命を案じているわけでもない。つまり対象との交渉に没頭しており、その結果、自我と生命は自然の流れに掉さしているのである。しかし、ふと我に返ったり、生きているという実感に浸ったりする瞬間がある。それは、文字通り束の間の出来事の場合が多いが、持続する忌々しさにまといつかれていたり、永続を期待せしめる荘厳さに満たされていたりすることもある。

自我を把握するための最もポピュラーな方法は内観（introspection）である。そして内観とは自己の内面世界を視察（inspect）することである。つまり鏡に映った自己像や写真に写った肖像を外から眺めて観察するのではなく、直接には目に見えない「内部」を視察し走査するのである。この場合の「内部」ということがいかなる審級に属すのかということは、後で詳しく論じることにしよう。それはとりあえずメタファーなのだ、と言うことはたやすいが、事情はそれほど単純ではなく、思いのほか深く入り組んでいる。

「内部」とは目の奥にある脳である、とウィリアム・ジェームズにならって言うこともできる。しかし医学部出身の哲学者ジェームズには二面性がある。つまり科学的唯物論者という側面と意識生活の肌理の細かさに深い関心をもつ心理哲学者という側面が。この両側面間の葛藤は彼本人を悩ましただけではなく、心身問題・心脳問題に関心をもつ現代の人々に広く行き渡っている。そしてそれが意識のハード・プロブレムと呼ばれるものを惹起しているのは周知のことであろう。

ところで「内部」には独特の時間・空間世界が広がっているが、とりあえず重要なのは「記憶」という契機である。日常の認知生活における自覚《アウェアウネス》には注意と短期記憶が密接に関わっており、それが自己意識ないし自我の観念の基盤となっていることは広く認められている。また自我の発生起源に遡及する自己意識の考古学も記憶に頼らざるをえない。しかし、発生起源に直接還帰し、それを目の当たりにすることはできない。想像上のタイムマシンはこの場合何の役にも立たない。なぜなら、タイムマシンに乗って意識の発生起源に戻り、それを目の当たりにした観察者の目は、あくまで成人の目であり、捉えられたかに思われた発生起源は、その目によって再構成された出来の悪いコピーにすぎないからである。

これは、いわゆる「主観は主観自身を対象化できない」というアポリアの特徴を誇示しているが、この循環は、認知生活を自己内部に閉じ込めてしまったがゆえに生じた悪循環である、ということもまた古くから指摘されてきた。そこで、この悪循環から外へ逃げ出す、というよりは循環の中に正しく入って行き、それを生き抜く仕方で把握するためには「他者との共存としての生命」への視点が必要となる。

生命の本質に関する探究は、様々な観点からなされるが、明確に自我と関係づけたものは稀である。そこで本書ではこの稀なる試みを細心の注意を払いつつ遂行しようと思う。そしてその際、注目されるべきなのは、自我の発達過程における意識の生成であり、それと身体性との関連である。しかるに、この身体性は自然というものと深く結びついている。そして自己意識の生成には他者という契機が深く関与する。

一般に、自我の本質を考える場合、どうしてもそれを物質的自然界から切り離す傾向が強くなりがちだが、自我は生命という自然現象に深く関わっているので、この傾向はいくぶん諌められる必要がある。ただし生命現象は単純に物質に還元できない。それゆえ自然把握の仕方に変革を加えることが要求される。これは機械論から有機体論への移行を意味する。つまり、身体と生物学的生命を物理—化学的プロセスに機械論的に還元すれば、自我と意識は機械論的自然界から切り離されがちとなるが、身体性と生命をより有機体論的に捉えれば、自我と生命的自然は自ずと統合的に捉えられるようになるのである。

このことが認識論における主観と客観の二元対立の克服につながることは哲学史の常識である。この克服に参与してきた人たちとしては、とりあえずヘーゲル、ジェームズ、ホワイトヘッド、そして現代の認知神経哲学者たちを挙げることができる。我々は、このうちジェームズとホワイトヘッドにまず焦点を当てようと思う。彼らは共に「経験の場」というものを主観—客観の二元対立克服の観点から解明しようとした。その克服の姿勢は意識の生命的本質への肉薄、ならびに自我と生ける有機的自然の統合を目指すものであった。

次に我々は、ラッセルの中性的一元論とサールの生物学的自然主義を取り上げることにする。それによって観点の補助ならびに現代哲学（心脳問題）の最先端の議論への橋渡しがなされるであろう。

以上が第Ⅰ部の骨子であるが、第Ⅱ部では意識経験と自然の関係をより突っ込んで論じることにする。そして第Ⅲ部では「自我と生命」という問題に深く入り込み、第Ⅳ部では生命と時間・空間と意識の関係を総括的に論じることにする。これによって、完全にではないが、前著『意識の神経哲学』（二〇〇四）で予告された「創発する意識の自然学」が実現するのである。

自我と意識は脳の創発的特質であり、自然は第二性質（クオリア）を含んだ有機的世界である。また、生命の本質の解明にとって分子生物学は要素的観点しか提供せず、「他者との共存」ならびに「経験の場」の時空構造の哲学的解明が必須である。我々が、この世に生を受け、いつからとはなしに意識をもち始め、自我の目覚めを経験し、愛し、憎み、悩み、喜び、そして死を迎える。この社会的にして自然的現象の本質とは何なのか。なぜそもそも私は存在して無ではないのか。このような哲学的問いに、科学と対話しつつ答えて行く。これが創発する意識の自然学の醍醐味なのだ。

第I部

創発する意識の自然学の先駆者たち

第1章　ジェームズ――純粋経験

はじめに

ジェームズ（William James, 1842–1910）はアメリカを代表する哲学者であると共に、心理学者としても不滅の業績を残している。しかし彼はもともと哲学科出身ではなく、医学者になるための自然科学的教育を受けた人である。彼の主著『心理学』を読むと、脳に関する豊富な知見に驚かされる。今日のアメリカの認知神経哲学者たちが認知科学や神経科学のデータを積極的に参照するのも、彼の姿勢に淵源するように思われる。ただし彼にはもともと芸術への志向があり、繊細な文科的素養もうかがわれる。それはたとえば、宗教心理への深い洞察や形而上学を決して否定しない姿勢にも表れている。これは頑な経験論者や唯物論者には見られない態度である。プラグマティズムの観点からすれば宗教も形而上学も、それが人間生活に有用ならば積極的に評価されてしかるべきものなのである。

彼は、性格類型学的に見ると内向的で、内省力に富むように思われる。そうした人は必然的に「意識」という現象に愛着をもち、それを緻密に観察し、深い洞察を示す。特にその人が知的構成力と学問的知見をもち合わせている場合、まさに鬼に金棒である。

ジェームズは、心理学を自然科学の一分野に分類し、その内容を「意識状態そのものの記述および説明」と定義している。また、心的事実はそれが認知する物的環境と切り離して研究すべきではないと考え、すべての心的状態が何らかの身体活動を伴うことを強調する。さらに「意識の状態の直接の条件は大脳両半球における何らかの活動である」と断言している。しかし彼は決して還元的唯物論に屈することはない。そして自由意志の問題を介して意識の形而上学の必要性を示唆する。(1)

ただし彼は古い時代の形而上学者のように、意識を実体（substance）ないし存在者（entity）とはみなさない。それは徹底して機能でありプロセスなのである。そして実体二元論を根底から覆すために、意識を突き抜けて「純粋経験」に還帰しようとする。つまり彼の形而上学は「経験の形而上学」なのであり、物的実体ないし物理的―自然的プロセスから切り離された心的実体の形而上学などではない。また彼は、科学と哲学を究極的には一つのものと考え、形而上学を統一科学（unified science）と定義してもいる。(2) こうした考えは、アリストテレスやホワイトヘッドの体系を参照すれば分かりやすいであろうし、少し系統は違うがウィーン学団やパトリシア・チャーチランドの立場とも共通点をもつであろう。

では、とりあえずどの科学を統一すればよいのかというと、それは心理学と生理学ということになる。これは、物質と精神ないし主観と客観の二元対立の克服という目標を遠方に掲げているからなのだが、この目標のためにこそ「純粋経験」の概念彫琢が要請されるのである。そして、この純粋経験を基底に据える根本的経験論は、カントに代表される超越論的哲学やバークリ流の主観的観念論とは徹底的に袂を分かつ。それは、自然的実在論として身体的次元と物的環境を重視し、独我論の陥穽にはまることが決してない。こうした姿勢は、次章以下で扱う哲学者たちと共通のものであり、かつ筆者の目指す「創発する意識の自然学」の偉大な先駆形態とみなすことができる。

それでは、その根本的経験論とはいかなるものなのであろうか。筆者の目標ならびに本書全体の構成を顧慮して、以下次の順序で考察することにしよう。⑴意識の存在をどう考えるか。⑵主観と客観。⑶身体性の次元。⑷純粋経験と自然。

1 意識の存在をどう考えるか

我々は各自、意識的経験を遂行しており、「意識」が自らの所有物であることを確信している。しかしそれは、「身体が自らの所有物である」というのと同じレベルでそうだというわけではない。むしろ「意識」は、身体の所有感の担い手であり発現点なのである。そして、こうした点に深く食い入りすぎると、「意識」を物質的身体から実体論的に切り離す二元論に傾いたり、それを一切の経験の先行条件として、対象化されざる超越論的主観性の領野に押し込んだりする破目になる。しかし経験は本来、意識（心）と身体の統一態において遂行されるものであり、経験の主体と経験の対象、すなわち主観と客観の分離は、反省による事後的な捏造である。そして、この点に着目することによって、意識が実体的な「存在者」ではなく、機能的で関係的な「存在様式」であることが分かる。また、この存在者ならざる「存在様式」という概念を正確に把握すれば、「意識は存在者ではない」ということが決して「意識は存在しない」ということなど意味しない、ということを体得できるであろうし、それは日常的な意識の所有感にフィットするものでもあろう。ジェームズは、まさにこのことに着目して純粋経験の概念を提唱した。ただし、意識の「存在」に関する彼の叙述には少しルーズなところがある。この点を顧慮して、彼の見解を批判的に吟味してみよう。

たとえば彼は次のように述べている。「私自身はこれまでの二〇年間、存在者（entity）としての〈意識〉というものには疑いをもってきた。そしてこの七、八年は、学生に向かってそれが存在しないことを示唆し、経験の実相におけるそのプラグマティックな等価物を与えようと努力してきた。そこで、今やこれを正面から全面的に廃棄すべき時が来たと思うのである」(3)。全面的に廃棄されるべきものは、言うまでもなく意識そのものではなく実体的存在者としての意識である。しかし「それが存在しないことを示唆し」ようとする姿勢は誤解を招きやすい。このことをわきまえている彼は、以下のことを付け加えている。「私が言いたいのは、物質的な事物の素材と対比される意味で、我々の思考を作っているとされる原初的な素材とか存在の質（quality of being）などは存在せず、ただ経験の中にあって思考が果たす機能というものがあり、この機能の作用のゆえにこうした存在の質といったものが措定されることになったということである。この機能とは認識する（*knowing*）ということである」(4)。

我々は普通、意識とか心の存在という言葉を聞くと、霊魂の存在のようなものを連想し、うさん臭さの念を抱いてしまう。さりとて意識とか心が「存在しない」と言われても、また釈然としない。なぜなら意識がちゃんと機能していることを実感しているからである。しかし、それは机や石のように、「そこにある」と直示できない。そこで或る者は実体二元論的思考に走り、意識を物理的自然界の外に置いてしまう。また或る者は、それを非実在物として消去するか、単なる随伴現象に貶めてしまう。これに対して穏当な見方は、呼吸が肺の機能であり、消化が胃の機能であるように、意識は脳の機能である、とするものである。この考え方によって「脳ならびに全身の細胞と組織をくまなく調べたけれども、私はどこにも意識（ないし心）というものを見つけることができなかった。それゆえ意識は存在しない」という臆見は簡単に打破される。なぜなら意識の存在を疑う者も、呼吸や消化という機能の存在に疑念をもつことなどないからである。この点は何気ないが重要である。なぜなら、意識はさしあたって機能としてよりは存在者として受け取られやすいからである。つまり、「機能」という語は機械的意味を連想させやすいが、意識的心は各人のかけがえのない核心を象徴するように思われるので、意識の機能的性質が飛び越えられて〈看過されて〉、その存在と非存在へと意見の分裂が生じてしまうのである。そして、この二極分裂を克服するためには、内部と外部、主観と客観、延長性と非延長性の二元対立を或る根源的な真実在へと向けて乗り越えなければならないことになる。その真実在をジェームズは「純粋経験（pure experience）」と呼んだのである。

この「純粋経験」は、認識主観と認識対象をその二極的項として包括しており、それに対しては表象するものと表象されるもの、意識の内部と外部という区別は適用できない、とされる。彼は次のように言っている。「経験は〈主観的なもの〉として表象を行い、〈客観的なもの〉として表象される、と言われる。ここで表象するものと表象されるものは、数の点では同一のものである。我々は経験それ自体においては、表象されることと表象することの二元性はどこにも存していないことを銘記しなければならない。それが純粋な状態にあり、孤立しているときには、意識と、意識が〈それについて〉であるところのもの、という二つのものへの自己分裂は、存在していない。その主観性と客観性とは機能的な意味での属性にすぎず、その機能は、経験が二通りに〈把握される〉こと、つまり二重に語られ、それぞれ異なった文脈に沿って考慮されることによって実現される。そしてこの考慮は、これまでの複雑な過去の経験全体が、新たな回顧的経験によって、一つの新鮮な文脈へと構成されることにおいて、生じるのである」[5]。

普通、我々は「経験」というものを主観的な心的作用として理解しているが、ジェームズはそれを主―客あるいは物心分離以前の原素材として捉えている。つまり経験は意識的存在などではなく、中性的な存在規定だというわけである。しかし、この考え方には少々無理があるように思われる。たとえば、同じく中性的一元論を主張したラッセルは、ジェームズの見解のうちに観念論の消えやらぬ影響を看取し、「〈経験〉は〈意識〉と同じように、世界の第一素材の所産であって、第一素材の一部ではない」と述べている[6]。そこで、物と思考ないし精神と物質の両側面をそこから発現せしめる、世界の究極的な原素材を求めるとするならば、チャルマーズの言う「情報（information)」の方が、より有力な候補なのである。とはいえ「経験」と「情報」は深く結びついており、両者の関係を考えることは、認識と存在の接点の解明にとって極めて重要である。かつて幾多の哲学者が、この問題に取り組んできたであろうか。(7) そして現代の認知神経哲学において、この問題は科学との対話において、より実証的に論じられるようになった。ジェームズは、まさにこの傾向の偉大な先駆者なのである。

この点を顧慮すると、情報と同様に経験も、それを心的ないし意識的要素から切り離して論じることは、決して牽強付会な詭弁でないことが理解できるであろう。詭弁だと決めつける方が、むしろ軽薄なのである。ただし、この点に関しては後で詳しく論じることにして、ここではジェームズによる、デカルト的な物の延長性と思考の非延長性の二元論的把握に対する批判を取り上げることにしよう。

彼は次のように主張する。「デカルトが思考を絶対的に非延長的なものとして最初に規定して以来、彼以後の哲学者たちはこの記述を正しいものとして受け入れてきた。しかし、我々が一フィートの定規や一平方ヤードの広さについて思考するとき、この思考には延長を帰することができないと言ったところで、およそ何の意味があるのであろうか。あらゆる延長する対象についての思考も、それがそれぞれの対象の十全な心的画像（mental picture）であるなら、対象そのもののもつすべての延長をそなえていなければならないはずである。客観的な延長と主観的な延長は、ただ文脈に対する関係の相違にのみ存している(8)」。

この主観的な延長性の理解は、知覚対象が思考ないし心のうちなる観念などではなく、物と区別できない一つのものとして「外のそこ」に存在している、という見解に結びつく。そして、知覚されているのではなく思考されているだけの対象もまた、思考する主観の中に秘蔵されているわけではない。つまり思考の対象ないし、いわゆる内的観念もまた外的な世界に確固とした地位を占めているのである。デカルトの思惟はもともと無時間的で超越論的だが、ジェームズの思考は経験論的な自然的実在論に基づいているので、内的思考の世界が物的環境と相互嵌入的であることをわきまえているのである。実際、思考や観念は脳という物的環境の中にある。しかるに脳はまた生命的情報システムでもある。今日の認知神経科学は、脳の神経システムが感覚情報をコード化し圧縮して保存していることを解明した。したがって、三〇〇メートルあまりの東京タワーが、二〇センチたらずの脳の中に心的像として保存されることにはいささかの神秘性も超越論性もないのである。現代の心の哲学者たちは、科学に対して開かれている人がほとんどなので、こうした観点を素直に受け入れる。そして、科学の行きすぎへの批判的観点も働かせて意識の本性を解明しようとする。ジェームズはこうした傾向の偉大な先駆者でもあるのだ。ただし、こうした傾向が唯物論的な思考にしか聞こえないことを嘆く(9)のは彼だけではない。それは現代の認知神経哲学者全般に共通の悩みであろう。

2　主観と客観

我々が知覚する対象ないし外的世界は、色、触感、音、匂いなどの様々な現象的性質をもっている。またそれらは同時に大きさ、質量、運動、エネルギー、分子構造などの物理的特性も有している。そして一般的な二元論の考え方では、物理的特性が外的世界の第一義的性質であり、現象的性質は、物理的特性の認識主観による把捉によって初めて現出する二次的性質であるとみなされている。その際、認識主観は物理的自然界の外部に追いやられる。ここから主観と客観の区別が、精神と物質の分離に相即する形で固定化されてしまう。しかし、経験そのものは時間と空間によって構成されており、この両契機は主観と客観ないし内部と外部の双方に染み渡っている。もちろん、こうした中性的契機もまた主観的なものと客観的なものに再帰属させうる。たとえば、主観的時間・体験空間に対して客観的時間・座標空間というふうに。しかし、この中性的契機の再分割の例からも看取できるように、主観と客観の区別は実体的二元論に基づく存在論的固定化ではなく、身体を備えた主体が世界を経験する際のパースペクティヴの布置から便宜上要請された「経験理解のための構成概念」であるとみなした方がよいように思われる。たとえばジェームズは次のように述べている。「主観と客観、表象されるものと表象するもの、事物と思考という割り振りは、最も重要な実際的区別を意味してはいるが、その区別は、ただ機能的な秩序に属しているにすぎず、古典的二元論の考えるような、存在論的な秩序に属するものでは決してない[10]」。

そもそも存在論とは客観的視点からなされるものである。つまり実体二元論は、主観と客観の区別を外から眺めているだけなのだが、ジェームズは主―客未分の経験そのものを経験に即して把握しているのである。換言すれば、経験を生き抜く形で、それを内部から捉えているのである。ここで便宜上「内部」と言ったが、それは「内在的」ということであって、外部世界から切り離された内的観念界という意味ではない。彼は言っている。「外的なものと内的なもの、広がりをもつものと広がりをもたないものとは、混融しており、一つの切り離しえない結合をなしている。それはあの円形パノラマを想起させる[11]」。

この内部と外部の混融ということを理解するためには、身体性の次元を顧慮しなければならない。それによって純粋経験というものが、浮ついた観念論的捏造物ではなく、自然的世界に根を張った堅固な建造物であることが分かるからである。純粋経験は、あくまで自然的実在論に基づいており、物的世界を不遜に見下す態度から生まれた概念などではない。物的世界は、生きられた自然界の一局面であり、純粋経験は生ける自然の脈動の発現なのである。

ちなみにジェームズは、生理学から心理学に転向し、それに打ち込むに至って、思考と物質、主観と客観の問題を深く考えるようになったことを告白している。そして晩年の純粋経験の形而上学において以上のような境地に達したのである。また前述のように、彼にとって形而上学とは、生理学と心理学を統一する科学に他ならない。それゆえ彼には、主観と客観の関係の考察がもっぱら哲学に属すという考えは毛頭ない。むしろ伝統的哲学（とりわけ二元論的な観念論哲学）が、主観と客観の実体論的区別という貧しい道具に依拠しすぎていることを徹底的に批判している。これは翻せば、真の哲学とは、科学に対して開かれつつ、主観と客観の区別の相対性・便宜性を看破し、自然的実在論に基づいて純粋経験に還帰する活動だという主張につながるのである。

3　身体性の次元

身体が、主観性と客観性の両義性をもち、内部と外部（あるいは精神と物質）という区別が立てられる際の中継点（蝶番）であることは、一部の哲学者によって強く主張されてきた。そもそも「身体」は、そのつどその所有者のものであり、心以上にかけがえのないものである。しかしそれは同時に皮膚で囲まれた明確な外延をもち、その内包を規定するのは、DNAの形質発現に基づいた複雑で精巧な物質系である。つまり、それは物体としての客観的実在性も有している。もちろん石や自動車と違って、それは生命を帯びた有機体であり、生体情報処理システムによって制御されている。そして、この情報処理機能が中枢神経系において自己言及性を最高度に発揮すると、意識という機能になる。それゆえ、身体の物質性と精神性の間には円環性がある。

この、いささか今日風の言い回しにも、もしジェームズが現在生きていたなら素直に賛同したことであろう。ただし一つ留保が必要である。意識は物質・物理系に還元できない現象的性質をもっており、これが体験の内容を構成するので、身体の物質性と精神性の円環関係を指摘しただけでは、純粋経験における身体性の役割を説明することはできないのである。もちろんジェームズは観念論的現象論に屈することはない。自然的実在論の原則は、いかなる場面でも守られ、そうした説明の際にも精神と物質が二元論的に切り離されることはないのである。

ところで、身体性の理解の際によく引き合いに出されるのは「痛み」という現象であるが、これに関して彼は次のように述べている。「我々のすべての苦痛は局所的なものであり、我々はそれを主観的な語彙によっても客観的な語彙によっても自由に語ることができる。我々は自分の痛い場所を意識し、それが器官の大きな場所を占めていると語ることもできるし、自分が内的に苦痛の〈状態〉にあると語ることもできる[12]」。さらに彼は、この理解を身体性にまで適用して、次のように言っている。「我々の身体はそれ自体が両義的なものの格好の例である。私は時として自分の身体を純粋に外的な自然の一部として扱う。また、私は時としてそれを〈自分のもの mine〉として、〈私 me〉とともに分類し、その局所的な変化や限定を精神的な出来事として了解する。身体の気息運動は私の〈思考していること〉であり、その感覚的調整は私の〈注意作用〉であり、その運動感覚的な変化は私の〈努力感〉であり、その内臓の動揺は私の〈情念〉である[13]」。

ジェームズによれば、これらの両義的な現象は、不断の流れである経験全体を構成する要素的経験間の関係の仕方から生じてくる。そして経験そのものは心的な素材からできていないので、両義的現象を内観によって捉えることはできないのである。ところで、ジェームズはそれに触れていないが、経験は体験として、意識以前の身体性の働きと密着し、それによって物的自然界と相即しているように思われる。

そもそも我々の心的内観も物理学的観察も、その表現するものは心的用語と物的用語の混合からなっており、どちらを欠いても双方は機能しない。ただし片方の純化は、一見もう片方を排除するかのような仕組みになっているだけなのである。西洋の自然科学の母体であるイオニアの自然哲学に象徴されるように、物理的自然界のメカニズムや秩序に探究の目を開かせたのは、自然に対する驚異と畏敬の念であった。物理学に代表される自然科学は、その後数学的定式化の純化のもとにいよいよ心的要素を排除しているかのように思われるが、物理学者の探究の目（志向性）を導いているのは、やはり物的環境へと開かれた中性的な「経験」である。このことは高度の物理学理論からは看取しにくいが、日常の「物的なものの経験」からはすぐに理解できるであろう。ちなみに、医学の内部の生理学や病理学が、無機物質や機械を対象とした物理学と区別されるのは、それが苦痛の共感と隣人愛という心的要素を媒介とする物理科学（応用生物学）だからである。

このように目的や要素的経験間の関係によって中性的「経験」は、経験の対象を物的なもの、心的なもの、両義的なものへと分類する。そして経験間の推移に応じて、対象は、これら三様態の間を行き来するのである。

また身体性の理解は、独我論の陥穽を回避する上でも極めて重要である。これに関してジェームズは次のように述べている。

> あなたが内側から活性化し感じているあなたの身体は、私が外側から見て触れるあなたの身体と、同じ場所になければならない。私にとって「そこ」とは、私が指で押さえるところのことである。もしも私が指であなたの身体に触れたときに、あなたが私の接触を、私の感覚における「そこ」にあるものとして感じないのであるとすれば、あなたはどこにそれを感じるというのであろうか。あなたの身体に対する内側からの活性化は、そこで私の指と出会う。あなたが指の圧迫に抵抗し、体を引いたり、手でもって指をはずそうとするのはそこにおいてである。あなたが内側から感じ、私が外側から感じるその身体が、真実にはいかなる組成から成るものかということについて、我々のどちらかがさらに詳しい知識をもつとしても、その新しく概念化され知覚される組成が帰せられるべきところは、その同じ場所に対してである。そして、あなたと私の心的交流も、常にその場所を通して行われるのであり、交流は私がそこへと伝える種々の印象と、それらがそこにおいてあなたに引き起こす反応とによって、媒介されているのである。(14)

独我論的観点からすると、各々の認識主観は、自らが中心のゼロ点から投影する世界像の中で自己完結しており、他の認識主観と世界を共有することなく孤立している。これはデカルトやバークリに特徴的なように、身体や物的世界を自己認識のプロセスから排除し、もっぱら内省によって自己の存在を捉えようとする姿勢に由来する。つまり、身体や物的世界を自らの構成要素から排除した認識主観は、全く延長をもたない中心のゼロ点にまで収縮し、他の認識主観との共同世界に到達する術を失ってしまうのである。そこで、それぞれの認識主観は真空の中で麻痺した手足をバタつかせつつ窒息せざるをえなくなる。

いったい我々はなぜ独我論の陥穽にはまってしまうのだろうか。それは、言い古されたことだが、認識の普遍妥当性や自己認識の明証性を求めるあまり、権利問題の原理の過剰適用の罠に捕らえられるがゆえである。すなわち独我論は、対象の認識の確実性ないし明証性は、あくまでそれを認識する「私」の思考作用《ノエシス》の思考内容《ノエマ》の圏内に確保されるべきもので、私の権利要求を離れては存在しえないものと考える姿勢に淵源する。つまり私の明証的眼差しが確認できない、すべてのものの存在を疑うのである。こうして、一見確保されたかに思える認識の妥当性は実は虚構のものであり、認識主観は身体と物的世界のリアリティを喪失し、挙句の果てには自己の本来的存在意味も見失ってしまうのである。自己の本来的存在意味は他者との共同存在から照らし返されるべきものなのに。

これに対して、身体性に着目すると、一見隔絶しているかに思われる各々の認識主観の共有空間に眼が開かれる。ジェームズが前掲の引用文で言っている「あなたの内的感覚」と「私の外的感覚」が出会う「あなたの身体の〈そこ〉」は、まさにこの共有空間の中核を指示する。ちなみに「私の内的感覚」と「あなたの外的感覚」が出会う「私の身体の〈ここ〉」と言い換えても意味は同じである。つまり、こうした身体的触れ合いは、自己認識と他者理解が渾然一体となった（癒合した）、世界認識の原点を形成し、認識論的反省はそれに追いつけないのである。そして主観と客観、内部と外部、精神と物質といった区別は、みなこの原点から派生する第二義的なものである。しかし独我論者は、このことが分からないまま自己の内面空間に引きこもってしまうのである。たとえ社交界で活躍していようとも。

初めに身体と自然あり。その後に主観と客観、内部と外部の区別ありである。この自然的実在論は確かに独我論を乗り越えている。しかし純粋経験それ自体は、ジェームズが何と言おうと、意識現象を離れてはありえないもので、意識の外にある物理的自然界を十全に包摂しているとみなすことはできない。つまりラッセルも指摘するように、「経験」という言葉に固執する限り、観念論の最後の残滓を濾すことができずにいるのである。ただし方法論的に見ると、意識と自然の関係を考えるためには、ジェームズの提唱するような中性的「純粋経験」の概念が最も有力であり、それなしにはやはり主観的観念論（唯心論）と唯物論の対立は調停できないであろう。つまり、心的なものと物的なものの対立を完全に乗り越える形而上学の構築という目標を一段下げて、経験の内部から意識と自然の関係を考えるという方向に進むならば、純粋経験の思想は極めて効果的なのである。

4　純粋経験と自然

直前に言った「経験の内部から意識と自然の関係を考える」という言葉は誤解を招きやすい。普通、この言葉は主観的構成主義を思わせるからである。つまり「経験」という語は、観察（考察）主観の能作を連想させ、この能作が意識と自然を対象化して理論的に構成するという意味に受け取られてしまうのである。しかし、そのような解釈がジェームズの本意と全く食い違っていることは、これまで説明してきた。彼の言う「経験」の概念は、主体と世界の一体性の観点をもたないと把握できない。換言すると、彼が排除したがっているのは、主観とそれに映る対象世界という二元分割の認識論的図式なのであり、それに対して「認知を生きる主体の身体的自然」と「自然的世界の脈動」の間の生き生きとした相互交流の場（field）としての「経験」を際立たせたいのである。そしてこのように理解された「経験」は、意識の不断の流れの全体性に、下意識的要因も取り込みつつ相即している。ジェームズの真意は、精神と物質の二元対立の完全な克服というよりは、おそらくこういう方向にあるのだろう。たとえば彼は次のように述べている。

> 私の現在の意識の領野とは、より広大な下意識的領野へと非可感的に色合いの度合いを変えていく包暈に囲まれた、中心である。……厳密に言って、この経験のどの部分が私の意識の内にあり、どの部分が外にある、と言えるのであろうか。私が外にあるものを名指すならば、それは既に内にあることになる。中心が何らかの仕方で作用しているとき、その包暈は別の仕方で作用しており、やがて中心を凌駕して、それ自身が中心的になる。我々が或る時点において概念的に自己自身と同一視し、自分が考えている対象であると主張するものこそ、その時点での中心である。しかし、我々の十全な自我は領野全体であって、その全体には、我々自身が概念的に把握することなくただ感じることができ、決して分析し始めることもできないような、増大する下意識的可能性を無数に放射するところの、一切のものが属しているのである。ここでは存在の集合的なあり方と分配的なあり方が共存している。というのは、自我の各部分は別々に機能し、大きな広がりをもつ経験の残りの部分の中でも、それ自身に固有の領域と結びつきながら、先に挙げた点の列へと我々を引き込もうとする傾向をもっているが、それにもかかわらず領野全体はどういうわけか、我々の生の唯一つの脈動として感じられる——言うまでもなく、そう感じられるのであって、そう概念的に把握されるのではない——からである。(15)

我々の生の脈動は、内なる自然と外なる自然の共鳴の産物にほかならない。たとえば雄大な自然の景観を眺めている際の意識の高揚は、日頃の憂さを忘れさせ、注意の焦点をせせこましい自我意識から自然と一体になろうとしている大いなる自己へと向け換えさせる。それに対して「自意識過剰な、自己への気づき亢進」は、下意識的要因の包暈（fringe）が中心の自我極へと反射するように固定され、経験と意識の流れが滞ってしまうことを意味する。つまり、本来「経験」の有している包暈のフレキシビリィティが失われ、自我は豊かな外的自然世界から切り離されることになり、その結果内的な観念界で空虚な自己循環の泥沼にはまってしまうのである。こうした悪循環が、神経症やうつ病や心身症の基盤となることは、それらに悩まされたジェームズ自身が身をもって体験したことでもある。しかし彼は、それらを現象論のレベルで分析するにとどまらず、医学者兼生理心理学者として、脳の神経機構や身体的自然を顧慮して考察する力量を十分すぎるほどもち合わせていた。ただし彼は決して還元的唯物論を承認しない。なぜなら要素還元主義的な唯物論は、自然界をつぎはぎだらけのモザイクにしてしまい、その生命的、有機的統一性を決して捉えることができないからである。これは、イギリス経験論に由来する連合心理学が、個々の心的要素に固執することによって体験流（意識流）の全体的統一性と生命性を取り逃がすのと表裏一体であるとみなされる。

「経験」の概念は、この表裏一体関係を顧慮すると分かりやすくなる。つまり、それは自然と一体となった意識の流れの全体性と生命性を表現しているのである。確かに、前述のようにジェームズは、経験は中性的存在として心的素材から成っていないと主張するが、その際の「心的素材」とは、下意識的要因と身体的自然という契機を排除した素朴な概念としてのそれである。経験は、あくまで下意識的要因と身体的自然の両契機を含んでいるがゆえに、自我極への集中と内的表象としての意識機能を発現せしめるのである。その意味では心的である。しかし、意識による内省によって捉えられた、一般的な「経験」の意味はあくまで排除されている[16]。

ジェームズ的な経験の概念を理解するためには、自然の概念を捉え返し、それを経験概念と照合することが有益だと思う。ただし、ここでこれ以上ジェームズ内在的に考察を進めても埒が明かないであろう。そこで次章ではホワイトヘッドを取り上げて、その問題を考えることにしよう。

注

(1) W・ジェームズ『心理学』(上・下) 今田寛訳、岩波文庫、二〇〇一年
(2)『ウィリアム・ジェームズ著作集7・哲学の諸問題』上山春平訳、日本教文社、一九七四年
(3) W. James, *Essays in Radical Empiricism*, Dover, New York, 2003, p. 2 (以下 *RE* と略記する). なお引用にあたっては、伊藤邦武訳『純粋経験の哲学』岩波文庫、二〇〇四年ならびに桝田啓三郎・加藤茂訳『根本的経験論』白水社、一九九八年を参照した。
(4) W. James, *RE*, p. 2
(5) W. James, *RE*, p. 12
(6) B. Russell, *The Analysis of Mind*, IndyPublish, McLean, p. 11 (竹尾治一郎訳『心の分析』勁草書房、二〇〇四年、二〇ページ)
(7) たとえばプラトンによる善のイデアの規定を想起されたい。ちなみに information はアリストテレスのエイドスの概念に淵源する。
(8) W. James, *RE*, p. 16
(9) W. James, *RE*, p. 19
(10) W. James, *RE*, p. 122
(11) W. James, *RE*, p. 114
(12) W. James, *RE*, p. 75
(13) W. James, *RE*, p. 80
(14) W. James, *RE*, p. 44
(15) 伊藤訳『純粋経験の哲学』一八一ページ以下
(16) こうした姿勢は最近の認知哲学にも見られる。たとえばチャルマーズは経験にリカーシヴな自己意識を超えた地位を与えて

いる。ちなみに彼の経験の形而上学は、情報の二重側面理論と精神物理的原理に支えられているが、この宇宙全体を一つの認知システムとみなす汎心論的傾向ももっている（Cf. D. J. Chalmers, *The Conscious Mind: In Search of a Fundamental Theory,* Oxford University Press, 1996）。他方ジェームズもまた、フェヒナーの地球—魂（Earth-soul）の考え方を援用して、広大な拡がりをもつ宇宙的意識が個人の狭い意識を包み込んでいる可能性を示唆している。経験は、まさにこの可能性の次元に関与する。つまり、それは個の自我や意識を超えた次元を指し示すのである。しかし、こうした思想は思弁に流れやすいことも確かで、その意味でジェームズも、地球—魂のようなものは実体としてではなく機能的な観点から考察されるべきだと留保をつけている（Cf. W. James, *RE,* p. 71. 伊藤訳『純粋経験の哲学』一八六—一九三ページ）。ちなみに筆者が考える、より穏当な候補は社会の情報システムと個人の意識の関係のようなものであるが、それについてはまた後で論じることにしよう。

第2章　ホワイトヘッド——有機体の哲学

はじめに

ホワイトヘッド（Alfred North Whitehead, 1861–1947）は二〇世紀最高の哲学者の一人とみなされているが、もともと数学出身で、物理学にも極めて造詣が深かった。彼は長い間、母国のイギリスの大学で応用数学を講じていたが、六三歳のときにアメリカのハーバード大学に哲学科の教授として迎えられ、七六歳までその地位にあった。その職は、彼が尊敬してやまないジェームズがかつて就いていたものであった。そして彼は、そこで有機体の哲学と呼ばれる形而上学の大輪を咲かせたのであるが、その輝きは今なお少しも衰えていない。

有機体の哲学は、デカルト的な物心二元論の超克を基調とし、主観的観念論と機械論的唯物論双方を徹底的に批判するものである。そしてその際、心と自然の相互浸透性の観点が扇の要となっている。これは、前章で論じたジェームズの純粋経験を、より物理的自然界に引き寄せるものであり、そこから翻って物理的自然界のうちに心的要素を見出そうとする姿勢を表している。こうした姿勢は、アニミズムと揶揄されがちだが、物理学から自然哲学・形而上学へと進んだホワイトヘッドの強靭な思索は、そのような軽薄な野次を受け付ける余地がない。なぜなら、そうした野次は素朴な物心二元論と洗練されざる概念把握に由来するものであり、何よりもまず「自然」というものを理解していないからである。

経験は意識という中核と自我極を超えて、「自然」と渾然一体になっている。そしてその「自然」は原子論的な機械論的唯物論の観点から把握される「非－心的」なものではなく、第二性質を含んだ「有機体的なもの」である。こうした観点をとることによって、「純粋経験は心的素材から成っていない」というジェームズのテーゼが修正されることになる。つまり、「心的」ということが自然という有機体に根付かされるので、「心的素材から成っていない」と言う必要がなくなる。あるいは、その言い方に反省が加えられ、より洗練された言い回しになるのである。その際、「経験」「知覚」「意識」「理解」といった諸概念もまた、有機体的自然の息吹を受けて再把握されることになる。

ただし我々はあくまで従来の常識的な心と物理的自然の二元分割の視点も保持した方が無難だと思う。それなしには思弁的な擬人化が際限なく推し進められかねないからである。しかし、それはホワイトヘッドの意向の矛先を折るというようなものではなく、むしろその意義を最大限に引き出すための批判的吟味を意味する。デカルト的二元論に還帰したところで何の益もないことは分かりきっている。ジェームズも言うように、常識と通俗的哲学は徹頭徹尾二元論的であり(1)、真の哲学とは、それから脱することだと言っても過言ではない。

我々はなぜ、さしあたって経験とか意識とか心というものを物理的自然界から切り離して、内面的な非物質界へと囲い込むのだろうか。それは自然によって生み出された結果を、逆流的に自然を構成する基点に据えたがる傾向に由来する。その傾向の理論的基盤と論理構造と概念枠組みを解体（脱構築）し、心ないし経験と自然の相即関係を把握すること、これこそホワイトヘッドの有機体の哲学が今日の心の哲学に対して有する最大の意義である。我々はもはや、自然から目的や生命や時間を剝奪したり、心から空間を脱落させたりすることはできないところに達している。つまり生きた有機的自然は物的極と心的極を包摂する時空構造をもっているという理解に至りつつあるのだ。[2]この意味で、彼の思想は「創発する意識の自然学」の最高の理論的基盤を提供してくれると思う。このことを顧慮して、次の順序で彼の根本思想を吟味してみよう。(1)ジェームズとホワイトヘッド。(2)自然の概念。(3)経験の物的極と心的極。(4)自己超越体(superject)について。(5)意識・身体・自然。

1 ジェームズとホワイトヘッド

ホワイトヘッドは『科学と近代世界』の第九章「科学と哲学」においてジェームズの画期的な業績を讃えている。それは、前章で取り上げた「意識は存在するか」という論文がデカルトの『方法序説』における実体論的意識理解を根底から解体し、機能としての意識の概念を明確化したことを指している。ジェームズのこの理解が、過程を実在とみなすホワイトヘッドに影響を与えないはずがない。[3]つまり意識は、実体(substance)とか存在者(entity)とか素材(stuff)ではない、とジェームズは考えるのだが、この考えが機械論的唯物論を超えた有機体論的自然哲学を目指すホワイトヘッドの志向に合致し、さらに物心二元論の徹底的超克の意図を強く鼓舞したのである。その際、個々ばらばらの原子が寄せ集まって世界を構成しているという原子論的な自然観、ならびに各々の人間主観は個々の内面界に封じ込まれているという心観の双方が否定される。なぜなら両観点は表裏一体の関係にあるのだから。そしてこのことは、デカルト以後科学が客観的物質界に、哲学が主観的精神界に、それぞれ専念して行った歴史的事実の根底に存する思考原理を象徴している。

ところがホワイトヘッドの科学と哲学の関係理解からすると、こうした傾向は誤った形而上学に由来する。その二元論的形而上学は、新しい「過程と有機体の形而上学」によって乗り越えられなければならない。それと同時に一七世紀以降の科学と哲学の離反にも批判が加えられ、その接点が抉り出されなければならない。その際まさに着目されたのが、心理学と生理学の経歴をもつジェームズの哲学だったのである。ホワイトヘッドは次のように述べている。「人々が客観的世界を考える際には物理学の諸概念を用い、主観的世界を考えるには心性（mentality）を用いていた間は、デカルトが成し遂げたような問題の設定は出発点として十分間に合っていた。しかし生理学の勃興によってその均衡は覆された。一七世紀に人々は物理学の研究から哲学の研究に移った。一九世紀の終わり近くに、ことにドイツにおいて、人々は生理学の研究から心理学の研究に移った。この色調の変化は決定的なものであった。もちろん、一七世紀にも身体が心理に関係することは、たとえばデカルトの『方法序説』第五部において、十分考察された。しかし生理学的本能は当時まだ知られていなかった。身体の考察に当たって、デカルトは物理学者の態度で考えた。これに反し、現代の心理学者は医学的生理学者の心性を身につけている。ウィリアム・ジェームズの経歴はこのような態度変化の実例である。彼はまた、問題の急所を一挙に解明しうるような、明晰犀利の天才をも備えていた(4)」。

我々は普通、人間の身体について考える場合、それを安易に物質とか物理的システムとみなしてしまう傾向がある。その際、生理学と物理学の厳格な区別はほとんど顧慮されない。生理学は、生体内の物理―化学的プロセスを扱うが、そのプロセスは生命活動の一環をなすものなので、生命なき物質や機械を対象にする物理学とは区別される。ただし広い意味での物理科学（physical science）であることには違いなく、その意味では有機体の物理学という性質を帯びている。しかもそれは生命体の心的側面にまで関わる。そこで、この生理学を心理学との関連においてシリアスに受け取った場合、心身二元論は拒否されざるをえない。つまり心身二元論は、身体に客観的物理学を無理やり押し付け、その結果心に主観的心理学以外の道を閉ざしてしまうのだが、生理学に定位した場合、生命活動の一環としての心的作用は決して無視されず、物理学と心理学の極端な対立が回避されるのである。それゆえホワイトヘッドも言うように「生理学のなした働きは心を自然の内に押し戻すことであった(5)」。

医学出身のジェームズと物理学出身のホワイトヘッドが、共に機械論的唯物論を否定し、同時に二元論を徹底的に批判したことは、人類の思想史上極めて重要な意味をもっている。彼らは共に、心的経験の実在性に食い入る眼差しをいかなるときにも失わなかったが、それと同時にそれを身体的自然から切り離すこともなかった。それゆえ意識ないし経験の場は、身体と自然へと延び広がったものと理解されたのであり、そこから主観―客観図式が乗り越えられたのは当然の帰結であった。ただしホワイトヘッドの方が外的ないし物理的自然界をより深く脱構築している。そこで次に彼の「自然」の捉え方を吟味してみよう。

2 自然の概念

我々は日常よく「自然」という言葉を使う。そしてその使用法には曖昧な二義性がある。つまり「自然」は、一方では物質性に取り囲まれた冷たい客観的特質を、他方では情感のこもった有機的な性質を意味する。前者に関係する概念としては「人工」と「物理」があり、後者に連結するものとしては「自発」と「生命」がある。前者が西洋的自然観を代表し、後者が東洋的自然観を象徴する、とはよく言われることであるが、この区別を自覚していても「自然」の概念がもつ根本的二義性は払拭されず、それがもたらす混乱は解消されない。つまり数学的物理学による自然の定式化と生ける情感的自然の間には相変わらず大きなギャップが存するのである。問題は西洋的か東洋的かということではない。元凶は「物質」という、分かったようで分からない曖昧な概念にあるのだ。

ホワイトヘッドによれば「物質（matter）」は自然を構成する基本的な実質的存在者（entity ないし actual entity）ではない。それは、直接体験された自然を概念的に整理する際に要請された一つの虚構的観点にすぎない。

あるいは、そうした際にいつの間にか入り込んでくる虚概念であり、思考の盲点を表現しているのである。自然を構成するものとしては、諸々の原子や分子、エネルギーや力や電荷といった物理特性の他に時間・空間、色彩や熱や臭いといった感覚意識の対象ともなる諸性質がある。これらは知覚主体の存在への関わりの程度に応じて物的―心的、客観的―主観的というふうに階層づけられるが、知覚主体なるものも実は自然的存在者であることがいつの間にか忘却されて、物的で客観的なものがもっぱら「自然」を構成するものとみなされてしまう。こうした引き寄せ作業がなされる際の梃子となるのが「物質」という概念なのである。それは一つの濾過装置である(6)。

それでは何が何に濾過されるのかというと、時間空間に浸透された有機的複合体が単一の形而上学的基体（sub-strate）としての物質実体に、ということになる。日常我々がよく口にする「それは所詮物質にすぎない」という言葉の背後で、この形而上学的濾過作用がいつの間にか働いている。そこで具体的な個物や事象連関のもつ豊かな内容が度外視されて、空虚な抽象物に置き換えられる破目になる。しかも困ったことに、実は抽象化にすぎないことが、逆転的に最高の具体化のように錯覚されるのである。これをホワイトヘッドは「具体者置き換えの誤謬」と呼んだ。この誤謬は、自然の根本特性を捉える際の障壁となると同時に心身問題を考える際にも混乱をもたらす元凶となる。そして彼によれば、自然は生命ならびに心というものと密接に関係している。

ところがデカルト以後の近代哲学と近代科学は、心を身体と自然から分離し、物質に直接属す第一性質と知覚主体の関与によって派生する第二性質を完全に分離してしまった。ここから自然の二元分裂が起こることとなった。それは因果的自然（causal nature）と現象的自然（apparent nature）の二元分裂である。後者は意識において把握される自然であり、前者は意識の原因となっている自然である。つまり「意識（awareness）によって把握される事実としての自然は、その中に、木々の緑、小鳥たちのさえずり、太陽の暖かさ、椅子の堅さ、およびビロードの感触などが含まれている。これに対して、意識の原因となっている自然というのは、現象的自然の意識を生み出すように心に作用するところの、分子や電子などからなる推測的体系である。これらの二つの自然の会合点は心であり、因果的自然は心に作用し、現象的自然は心から流れ出すというのである[7]」。

こうした考え方は、我々が認識について考察する際に「心の内」と「心の外」といった安易な空間的隠喩に頼ってしまうことに由来する、とホワイトヘッドは考える[8]。そして、ここから第二性質を因果的自然から分離する「精神付加論（theory of psychic addition）」が生まれてくる。つまり、第二性質（最近の用語ではクオリア）は、心ないし認識主観によって後から付け加えられた加工物であって自然の原初的所与とはみなされないのである。しかし認識主観は本来、宙に浮いた無世界的孤立者ではなく、身体を備えた自然的存在者として、世界に対して有機的な関連をもっていると考えられる。これは、主観—客観図式を乗り越えるために主体の身体性や世界関与性を重視した大陸の哲学者、たとえばメルロ＝ポンティやハイデガーの思想に特徴的なことだが、前章で論じたジェームズの純粋経験の哲学に直接つながることは容易に推測できよう。これらの人々は、みな心の内と外という安直な比喩を徹底して排除した。ホワイトヘッドもまた自己超越体（superject）という概念を新たに作り出して、心の内と外ならびに自然の内と外という図式を破壊（脱構築 de-construction）しようとする[9]。

この内と外の対置図式の乗り越えは、物質の空間性と心の時間性というおざなりの区分けにも適用され、因果的自然と現象的自然の区別を超えた根源的自然の時空構造を抉り出すことへとつながって行く[10]。こうした考え方は一見、ベルクソンの言う空間化された時間への批判とそれに関連する生命の思想と軌を一にするように思われるが、それは当たっていない。ホワイトヘッドの方が物理的自然界により精通しており、安易に二元論的な生命哲学を構築してしまう危険性がないのである。彼にとっての根源的所与は、意識でも生命でもなく、あくまで「自然」なのである。それゆえ、彼の物心二元論の乗り越えは極めてラディカルであり、他に類を見ない。彼はデカルトの二元論について次のように言っている。「彼の考えでは、一方に空間的関係をもった物質的実体があり他方に心的実体がある。心的実体は物質的実体に外在している。いずれのタイプも、その本性の完成には、他のタイプを必要としないのである。心的実体と物質的実体双方の説明不能の相互関係は、各々の存在にとって不必要であったのである。本当に、心と物という見地に立ったこのような問題の立て方は不幸である。それは、植物や低級な動物のような低い生命形態を欠落しているからである。このような形態であっても最高位の所では人間の心性に接しており、最低位の所では無機的自然に接しているのである」[11]。

デカルト的二元論では物と心の間に入るべき生命が抜け落ちてしまっている。そこからまた物理的自然と生命の不幸な分離が起こってくる。ホワイトヘッドによれば、両者の相互連関の理解と融合なしには宇宙の根本構造と真の実在を把握することはできないのである。またその際、物理的自然という概念の欠陥は生命との融合によって埋められるべきであり、生命という概念は物理的自然という概念を含有すべきである、とされる[12]。

普通、生命の思想は物理的自然というものを機械論的なものとして簡単に排除したがる。ところがホワイトヘッドは物理的自然もきちんと視野に入れている。この点は何気ないが重要である。なぜなら、いくら心身二元論や物心二元論の克服を自負していようとも、物理的自然が括弧で括られただけでは片手落ちだからである。生命や身体性は確かに重要な契機だが、物理的自然を説明システムに組み込む力がなければ、所詮それから逃げたということになるのである。これは特にベルクソンに見られる傾向である[13]。また、いわゆる東洋的自然観も物理的（というより端的に機械的）自然を説明システムに組み込む力がほとんどない。これでは、西洋的科学技術による自然破壊を批判したところで、所詮絵に描いた餅であり、実効性がない。生命倫理にしても、遺伝子の生物物理学的特質を説明システムに組み込まないままの外在的批判がほとんどで、バイオテクノロジーの内在的批判たりうるものとなっていない。

今日至る所で西洋科学技術による環境の破壊や生命の尊厳の毀損が喧伝されているが、倫理学や哲学を中心とする人文社会科学陣営の立論は、物理的自然というものを対岸に置いただけで、その中に飛び込んで内側から批判する力がない。こうした点でもホワイトヘッドの自然観と有機体の哲学から学ぶべきものは極めて多いのである。

3　経験の物的極と心的極

経験は意識の反省作用によって捉えられた二次的構成物ではない。むしろ意識が経験によって可能ならしめられているのである。それゆえ経験は原初的所与として中性的である。つまり根本的には物的でも心的でもない。これはジェームズとホワイトヘッドに共通する考え方である。

ホワイトヘッドにとって経験は、身体を生きる有機体が環境へと関わる様式から把握される。なぜなら経験は意識作動以前の生命的自然に根差しているからである。生命的自然においては主観と客観は未分である。認識論的反省ないし意識による時間逆流的気づきが、自然において一なるものを二つの極に分裂させるのである。それゆえ彼は、意識的内観分析による経験の吟味を、身体的自然からの逸脱として排斥する。ここから必然的に主観と客観という概念は相対的なものとみなされる(14)。彼にとって、経験の生ける器官は「全体としての生ける身体（living body as a whole）」であり、その中枢は言うまでもなく脳である。しかるに脳は身体と連続しており、身体は残余の自然界と連続している。「人間経験とは、自然の全体を含む自己‐創始の働きなのであり、この働きは、身体内部に位置しているが、必ずしも脳の特定の部分との固定した整序のうちに恒存しているのではない、焦点的領域のパースペクティヴに限局されているのである(15)」と彼は言う。

ここで「自然の全体を含む自己‐創始の働き」という契機が重要である。ホワイトヘッドにとって意識の源泉たる経験は、独我論的な内面界に引き込まれることは決してない。それは常に自然の全体を自らのうちに反映しており、他の経験主体ならびに諸々の物的契機との生ける連関から切り離されることがない（これを彼の用語で「抱握prehension」と言う）。それゆえ経験が立ち上がる契機は、経験主体内部の「客観から切り離された主観性」にではなく、他の経験主体ならびに客観的な物的要素との相互往還的な交渉のうちにある。主観と客観が相対的な概念だというのは、両者の混同を意味するのではない。それが意味するのは、或る有機体の経験の契機は、別の有機体の経験の契機との関係において見ると、「主観的」と「客観的」が入れ子状態になっているということである。この考え方は、現象学における相互主観性の思想に類似性をもっているが、ホワイトヘッドの特徴は物的ないし物理的契機の取り入れ方の精緻さにある。ここから必然的に出てくるのが、経験の物的極と心的極に関する独特の規定である。

一般に、人間が精神と物質、心と身体の綜合であり、その人間のなす経験は心的側面と物的側面からなっている、と言われはするが、所詮曖昧な二元論的相互作用の観点からする理解にとどまっており、両要素の真の統合ならびに極的配置を精確に把握するには至っていない。ここで言われる「統合」と「極的配置」は相互補完的な概念であるが、これが二元論的相互作用の信奉者には理解できないのである。ここからすぐに隠し切れない弱点が現れる。それは、経験をあくまで心的なものと理解する思考姿勢である。これによって経験は、物的対象を客観化（対象化）する機能はもつが、それ自身は客観化できないものとみなされる。つまり人間は心と身体の綜合だが、経験はあくまで心的領域に囲い込まれるのである。ちなみにジェームズは、純粋経験の思想において、この最後の難関を突破することができなかったように思われる。それに対してホワイトヘッドは、経験そのものの物的性格を有機体論的観点から見事に捉えている。そしてこの物的性格は心的要素と合生して、経験を生き生きとしたものにする。「合生（concrescence）」とは彼の用語で、異なった契機（分離されるべき実体ではない）が一つの新しい全体へと生成的に統合される過程を意味する。こうして経験は原初的に物的と心的の不可分離的な両極的構造によって構成されている。そしてこの両極構造は、経験の主観―客観構造に相即している。それゆえ「合生しつつある経験の両極性は、物的極のうちに外の現実世界から派生する経験の客観的側面を供給し、心的極のうちに、物的感受に相関的な主観的概念的価値づけから派生する経験の主観的側面を供給する(16)」と彼は言う。

ジェームズも批判した常識と通俗的哲学の二元論的思考法は、極にすぎないものをいつの間にか実体化して、物と心、主観と客観の曖昧な相互作用に身をやつしている。これでは過程がそのまま実在である有機的世界の根本構造、ならびに経験のもつ抱握的特質は理解されえない。また心的極が物的極と「合生」して経験を成立せしめるということは、両極の相補性と相対性を含意している。それゆえ次のように言われる。「心的極は、物的極における作用の相対物として生起する。これら二つの極は、それらの成立において不可分離的である。心的極は、物的極を概念的に記録することで始まる。この概念的な登記が、感覚主義学派によれば、経験の唯一の与件をなしている。この学派の人々は、物的極に生ずる物的感受を完全に無視する(17)」。

この物的感受が経験における身体性の契機と深く関係することは容易に推察できよう。しかしホワイトヘッドにとって、この身体性は、超越論的主観性によって構成された「経験の先験的制約」と言ったものではなく、意識や主観性の発動以前の有機的自然現象を意味する。それは既に意識と主観的構成の枠をはみ出して、物理的世界に身をやつしている。ただし、この物理的世界も心的極に関係することなしには、適切に理解されえないのである(18)。こうした考え方は、前節で取り上げた自然の概念と照合すれば、分かりやすいであろう。彼による経験への物的契機の導入は全面的には成功していないかもしれないが、物と心の二元的分割や主観性による構成への偏向を諫めるという点では、傑出していると思う。そこで次に、この点を特徴づける彼独特の概念、「自己超越体（superject）」について考察することにしよう。

4　自己超越体（superject）について

西洋哲学の伝統的認識論においては、主観が客観といかに合致しうるか、ということが長年の懸案であった。つまり、外部世界を知覚しその内容を認識する主観がいかにして外部世界という客観的対象に到達しうるのか、ということが問題であったが、それに対する満足な解答は得られなかったのである。ここから主観と客観の対置図式がそもそも間違っているだとか、主観と世界の相互浸透性を顧慮しなければならないだとか、様々な修正案が出されることとなった。

古代中世の哲学においては「主観」の概念は明確に提出されていない。そこで優位を占めているのは客観主義的思考法である。この点に着目しているのはホワイトヘッドとハイデガーである。彼らは、共に形而上学の刷新を図ったが、それは同時に伝統的形而上学の破壊（脱構築）と再構成を含意した。

近代になって周知のようにデカルトが主観の存在論を創出し、それはカントによる認識論のコペルニクス的転回の礎となった。カントによれば認識とは、外部世界を主観が忠実に模写することではなく、主観が外部世界を先験的制約に基づいて構成することなのである。つまり認識のベクトルは主観→客観となっており、これは客観→主観という素朴実在論的ベクトルを完全に破壊するものであった。ホワイトヘッドは、このコペルニクス的転回を再度転回させて、認識論を有機体の哲学に基づけようとする。彼は言っている。「有機体の哲学は、カント哲学の逆転である。『純粋理性批判』は、主観的与件が客観的世界の現象へと移行する過程を記述している。有機体の哲学がいかに記述しようとするのは、客観的与件がいかにして主観的満足へと移行し、そして客観的与件における秩序がいかにして主観的満足における強度を供給するか、ということである。カントにとって、世界は主観（subject）から出現する。有機体の哲学にとって、主観というよりも〈自己超越体 superject〉は世界から創発する[19]」。

素朴実在論ならびに客観主義のベクトルは客観→主観だが、有機体の哲学のベクトルは客観⇄主観、より厳密には客観⇄主観⇄客観である。そしてこの相互往還が主観を自己超越体に変貌せしめる。それゆえ有機体の哲学は、単純な客観主義や反観念論と違って、主観を説明システムのうちに取り入れる術をもち合わせている。そしてこの姿勢は、経験の心的極と物的極の相補性の思想と相即している。

ホワイトヘッドにとって、自己は客観から切り離された主観として内面圏で自己完結しているのではなく、客観を通して、あるいはそれを反映しつつ、自己と成るのである。この自己生成のダイナミズムこそ「自己超越体」の本性である。それは他の主観に対しては客観であり、自覚態においては主観である。そしてこの主観性も客観性によって否定的に媒介されて、他に対して開かれている。すなわち、独我論的自己を超越し、他に対して開かれた生命的脱自性をもって、生成流転を繰り返す有機的世界へと参与しているのである。このことに関係するのが彼による公共性と私秘性の関係の脱構築的再把握である。

一般に公共性と私秘性は対立するものと考えられているが、この傾向は二元論的哲学において顕著であり、独我論の強力な基盤となっている。それに対して、主観と客観が抱握の関係にあると考えるホワイトヘッドは、公共性と私秘性の相補性と相対性を暴き立てる。彼は言っている。「抱握理論は、単に公共的にすぎない、あるいは単に私秘的にすぎない具体的事実はない、という学説に基礎づけられている。公共性と私秘性の区別は、理性の区別であって、相互に排除し合う具体的事実間の区別ではない[20]」。

こうした主張は決して公共性と私秘性の混同を意味しない。両者は人間的生活における具体的事実の極的要素ではあっても、相互に排除し合う矛盾概念などではないのである。そもそも公共性というものがなければ私秘性もないし、私秘性がないところには公共性はない。これらを相互に排除し合うものと考える二元論的立場は、実は主観と客観の抱握関係を理解していないのである。ちなみにホワイトヘッドは、人間的主体が物事の公共性に関わる側面を「自己超越体」、それが物事の私秘性に関わる側面を「主観」と規定している。そして、この主観は、自己享受の発生の要素であるが、その成立基盤は、「公共性という効能において手元にある素材からの、目的論的な自己創造」のうちにある、とされる[21]。こうした発言にも、主観をきちんと説明システムに取り入れる姿勢が表れている。

こうした考え方は、教育学や発達心理学、あるいは社会学的自我論に関係してくるものである。事実ホワイトヘッドは、教育学にも寄与しているし、その思想の一部はデューイやミードに合い通じるものをもっている。彼らに共通するのは、公共性から隔絶した内面性を否定し、自然的事実に逆らう観念論的構成を却下する姿勢である。ただし、これについては、意識経験と自然の関係をより深く論じる第Ⅱ部で再び取り上げることにしよう。

5　意識・身体・自然

意識を人間における心身関係から捉え、さらにそれを自然のうちに位置づけるためにはどのような方途が望ましいだろうか。意識の中核に位置する、能動的な主観的構成機能から出発して、身体性を経験の基盤として理解し、そこから自然の原初的現れを記述する、という一つの哲学的方法がある。この方法の思考のベクトルは意識→身体→自然となっている。つまり意識内在主義的な主観性の、延長を欠いたゼロ点から、半ば意識内在的な身体性（実は身体意識ないし身体感覚にすぎない）を媒介として、半ば意識外在的な現象的自然へとパースペクティヴを張り渡しているのである。これでは身体や自然の本性のみならず意識の本質も把握できない。

確かに、この方法は機械論唯物論を超え、かつ二元論も回避する可能性を秘めているが、主観の原初的－直接的所与に囚われて、意識と身体的自然の関係を捉えそこなっている。身体や自然は主観的構成の枠を常にはみ出している。そして主観は客観と抱握の関係にある。そこで思考のベクトルを逆転させることが必要となる。つまり、とりあえず自然→身体→意識という方向で考えてみるのである。ここで「とりあえず」と言ったのは、これで事が収まるわけではないからである。つまり、素朴な科学的実在論や客観主義に身を移したとしても、根本的解決はもたらされないのである。むしろ理解され、取り入れられるべきなのは、主観と客観の抱握関係である。それゆえ、厳密には直線的方向づけではなく、円環的で循環的なベクトル変換が導入されるべきである。これは「相即（coherence）」という言葉で表現される内容のものである。すなわち、その際、意識と身体と自然の三者が、それぞれの特性を保持したままに、一つのシステムとして理解されるようになるのである。ホワイトヘッドの、有機体の哲学に基づいた心身論は、この理解の強力な基盤を提供する。それは、意識による主観的構成機能のせせこましい枠組みを破壊して、身体的意識と自然的世界の有機的相互浸透に目を開かせてくれる。このことは、たとえば「表現」という現象に着目しても説明できる事柄である。彼は、次のように述べている。

表現とは、環境の中で、表現者の経験において最初に心に抱かれた何かを伝え広げることである。そこでは、いかなる意識的な決定も、もちろん含まれてはいないのであって、ただ拡散させようとする衝動だけが認められるのである。こうした衝動は動物の本性に見られる最も単純な特徴の一つであって、外の世界（the world without）について我々が抱く前提の最も基本的な証拠となるものである。

実際、超えてある世界（the world beyond）は我々自身の本性と非常に親密に絡み合っているので、我々は無意識的に、その世界の生き生きしたパースペクティヴを我々自身と同一視するのである。たとえば、我々の身体は我々自身の個的存在を超えて位置している。けれども、その我々の身体は個的存在の一部なのである。我々は自分たちのことをこう思っている。つまり、人間は身体で営む生活と親密に絡み合っているわけだから、人間は心と身体の複合体である、と。だが、身体は外界の一部なのであって、外界と連続しているのである。実際、身体は自然の他の何らかのもの、たとえば、川とか山とか雲といったようなものと同じように、まさに自然の一部なのである。また、もし我々が事細かに厳密であろうとしても、身体はどこから始まり、外部の自然はどこで終わるか、といったことを定義することはできない(22)。

我々は、自分の意識や思考や感情の内容を言語や身振り《ジェスチァー》によって表現する。なぜ表現するのかというと、それは他者に理解してもらいたいからである。そこで、心的内容の表現において前提とされているは公共性である。つまり、他人に理解してもらいたい場合、公共の概念枠組みの中でお互いの意思の疎通が可能になることを期待して自分の心的内容を外部に表出するのである。それでは公共の概念枠組みとは何であろうか。我々はそれをどのようにして知るに至ったのだろうか。

ここで内面的心性↓外部世界の概念枠組みという理解のベクトルを使うことは許されない。そうしたベクトルは、ホワイトヘッドの言う「自然の一部としての身体」を顧慮できていないからである。我々の言語は身振りというものと密接に関係している。実際、幼児期から少年期にかけての言語の習得には、身体的触れ合いによる音声的—記号的表現の訓練が必須となっている。そして、そこでは主観と客観、心と身体、内部と外部という分別が未だ生じていない。これはヘーゲル(23)やメルロ゠ポンティの指摘する通りであるが、ホワイトヘッドの思惟も彼らに極めて近い。さらに彼は「世界の生き生きとしたパースペクティヴ」というものを視野に入れている。これはアニミズムと誤解されやすいが、そうした軽薄な批判は全く通用しない。こうした考え方は、ギブソンの生態学的物理学におけるアフォーダンスの概念を参照すると分かりやすいと思う。つまり、ホワイトヘッドにとって物理的自然界というものは、究極的には、生命を欠いた冷たい機械ではなく、秩序を備え意味を含有し情報を供給する有機的社会なのである。人間はその中で生きており、それゆえ物理的自然の一部なのであるが、心的極への集中において私秘性というものに身をやつすことができるようになっている。そして、この側面に関心を寄せすぎると、「自分の心は他人に理解できない」とか「他人の内面は彼の発する言葉からしか推し量れない」という、よくある思念に傾くようになる。さらに、この思念を或る種の仕方で純化して行くと独我論になる。ホワイトヘッドによれば、この誤った経路は、主観と客観の抱握関係の無理解から生じる。それは同時に身体と心の一体二重性、ならびに自己と世界の相互浸透性への盲目性を意味する。

心的極は物的極へと開かれており、常にそれを反映するものである。逆もまた然りである。このことが分からないと、心的極への集中がそのまま心と身体、内的心と外的自然界の隔絶へとつながって行く。生命や身体性の概念を重視しても、物的極からの反射を顧慮できなければ、二元論的態度から脱却できない。

ところでホワイトヘッドは、近代以降の心身問題が「自然と心」という大問題を「人間の身体と心の相互作用」という狭量な形に変えてしまった、と批判している[24]。「人間の身体と心の相互作用」に関心が集中すると意識的自我が前面に浮き上がってきて、意識が全宇宙を反映しているという事態が見えなくなる。それは同時に、身体というものを自己の皮膚の形成する外延によって環境から切り離された「私有物」に貶める。こうして解決不能な主観的意識の現象的質と物理的身体の関係という難問が生じる破目になる[25]。それに対して、身体と心の一体二重性ならびに身体と自然の無境界性を理解すると、近代的自我のせせこましい主観性を脱して、意識が、物的極からの抱握の光を受け取りつつ、全宇宙を反映しているということが体得されるのである。

これこそジェームズが純粋経験についての思索において到達できなかった究極の境地である。そのジェームズは、生理学と心理学を経由して経験の形而上学に至ったが、ホワイトヘッドは現代物理学の基礎的諸概念から出発して有機的世界観に到達したことを告白している[26]。前述のように彼にとって、物理的自然界は第二性質を伴って有機的に構成されているのである。

注

（1）Cf. W. James, *Essays in Radical Empiricism*, p. 72（邦訳、一四四ページ）

（2）これはホワイトヘッドが次の書物から継承した考え方である。S. Alexander, *Space, Time and Deity*, Macmillan, London, 1920

（3）ジェームズとホワイトヘッドの関係の緻密な考察として以下を参照。C. R. Eisendrath, *The Unifying Moment: The Psychological Philosophy of William James and Alfred North Whitehead*, toExcel, New York, 1999

（4）A. N. Whitehead, *Science and the Modern World*, The Free Press, New York, 1997, p. 147（以下 *SMW* と略記する）（上田泰治・村上至孝訳『科学と近代世界』松籟社、一九八七年、一九七ページを参照）

（5）A. N. Whitehead, *SMW*, p. 148（邦訳、一九九ページ）

（6）Cf. A. N. Whitehead, *The Concept of Nature*, Prometheus Books, New York, 2004, pp. 1–25（以下 *CN* と略記する）（藤川吉美訳『自然という概念』松籟社、一九八二年、一—二九ページを参照）

（7）A. N. Whitehead, *CN*, pp. 30f.（邦訳、三五ページ）

（8）A. N. Whitehead, *CN*, p. 32（邦訳、三七ページ）

（9）ホワイトヘッドのコスモロジーと心身論のもつポストモダン的性格については、以下を参照。Christian de Quancey, *Radical Nature: Rediscovering the Soul of Matter*, Invisible Cities Press, Montpelier, 2002,149–181, 215–238

（10）時間と空間についての彼の把握については、第Ⅳ部で再び取り上げることにする。

（11）A. N. Whitehead, *Modes of Thought*, Macmillan, Toronto, 1968, pp. 149f.（以下 *MT* と略記する）（藤川吉美・伊藤重行訳『思考の諸様態』松籟社、一九九九年、一八四ページ以下を参照）

（12）A. N. Whitehead, *MT*, p. 150（邦訳、一八五ページ）

（13）この点に関しては、R・G・コリングウッド『自然の観念』平林康之・大沼忠弘訳、みすず書房、一九七四年、二一三—二二〇ページを参照。

（14）A. N. Whitehead, *Adventures of Ideas*, The Free Press, New York, 1967, p. 176（以下 *AI* と略記する）（山本誠作・菱木

政晴訳『観念の冒険』松籟社、一九八八年、二四一ページを参照）

(15) A. N. Whitehead, *AI*, p. 225（邦訳、三一〇ページ以下）

(16) A. N. Whitehead, *Process and Reality*, The Free Press, New York, 1978, p. 277（以下 *PR* と略記する）（山本誠作訳『過程と実在』（上・下）松籟社、二〇〇〇年、五〇〇ページを参照）

(17) A. N. Whitehead, *PR*, p. 248（邦訳、四五一ページ）

(18) Cf. A. N. Whitehead, *PR*, p. 239（邦訳、四三六ページ）

(19) A. N. Whitehead, *PR*, p. 88（邦訳、一五二ページ）. subject と object の訳語としては「主観」「客観」ならびに「主体」「客体」がある。哲学的概念使用法では、認識論的観点を強調する場合前者を用い、存在論的観点を前面に打ち出す場合後者を用いる。ただし日常の使用法ならびに哲学の大部分の議論において流通しているのは前者の方である。山本誠作は、ホワイトヘッド的含意を表すために後者を用い、その他の場合には前者を使っている。確かに、「身体性」や「有機体」と密接に関係したホワイトヘッド的含意からすれば、そうした配慮は適切かもしれない。しかし伝統的意味合いから完全に逃れる術はないし、全体としての議論の整合性を維持するためにも、慣例となっている前者を採用した方が無難だと思う。そこで本書ではホワイトヘッド的文脈の際にも前者を用いることにした。ただし superject には「自己超越体」という山本の訳語をそのまま借用した。ちなみに、この superject は「超 - 主観」と訳されてしかるべきものでもある。

(20) A. N. Whitehead, *PR*, p. 290（邦訳、五二二ページ）

(21) A. N. Whitehead, *PR*, p. 289（邦訳、五二〇ページ）

(22) A. N. Whitehead, *MT*, p. 21（邦訳、三四ページ）

(23) ヘーゲル『エンチュクロペディー』樫山欽四郎他訳、河出書房新社、一九八七年、三〇九—三四八ページ、S・プリースト『心と身体の哲学』河野哲也他訳、勁草書房、二〇〇〇年、一二七—一五一ページを参照。

(24) A. N. Whitehead, *CN*, p. 27（邦訳、三三ページ）

(25) なお筆者は、ホワイトヘッド的解決案で十分だとは決して考えていない。意識の難問は、さらに深い次元での解決を要求しているからである。しかしホワイトヘッドの有機体の哲学は、この解決への道標として無比の意義をもっていると思う。彼はもともと心身問題を直接の主題としたことは一度もないので、応用的解釈が必要なのである。とにかく彼のような考え方は他の誰もできない種類のものだと思う。

(26) Cf. A. N. Whitehead, *SMW*, pp. 152f.（邦訳、二〇五ページ以下）

第3章　ラッセル――中性的一元論

はじめに

ラッセル（Bertrand Russell, 1872–1970）は、ホワイトヘッドとの共著『数学原理』によって記号論理学の基礎を築いたが、後者と違って、宗教に価値を認めず、思弁的形而上学を拒否する。彼は、情熱の懐疑家にして啓蒙主義者である。ただしホワイトヘッドと軌を一にする点がある。それは、世界の究極的要素が実体ではなく出来事であり、その究極的要素としての出来事は心的でも物的でもない中性的なものである、と考える点である。これは二元論を否定する中性的一元論の主張であるが、ラッセルは、この中性的一元性へと食い入る眼差しにおいて先行者（スピノザ、ジェームズなど）をはるかに凌駕している。そしてそれは今日の心の哲学の第一人者たるチャルマーズにも影響を与えている。筆者は、この点で特にラッセルに興味がある。

チャルマーズは中性的要素を「情報」と捉え、筆者もその方向で思索を進めているが、物と心の二元性を解体して中性的要素を露呈して行くラッセルの手順から学ぶべきものは多いと思う。つまり「物的（physical）」と「心的（mental）」の区別の相対性と両項の相互依存性を見やりつつ、真実在たる中性的要素の輪郭を次第に浮き上がらせる、その方法が心身問題の解決にとって極めて有益だと思うのである。
ただし彼のとった方策には十分洗練されていないところがあり、方法論的に修正されるべき点がいくつかある。この点を踏まえ、かつ本書における筆者の目標を考慮して、彼の中性的一元論を吟味してみよう。考察は次の順序でなされる。(1)心理学における唯物論的傾向と物理学における反唯物論的傾向。(2)法則性から見た心的なものと物的なものの区別。(3)内観の可謬性。(4)中性的一元論の意義。

1　心理学における唯物論的傾向と物理学における反唯物論的傾向

少し前の時代の話になるが、二〇世紀中盤の心理学界において猛威を振るったのは行動主義の心理学である。この心理学において、科学的研究の対象たりうるのは、外部から直接観察され客観的データに置換しうる「行動」であり、通常心理学の対象と考えられる内面的な心的現象は、仮象のごとくみなされて却下された。これは同時に、内観による心的現象の観察の妥当性を認めないことを意味する。

ところで普通我々が「物的」とか「物理的」という範疇に帰属させるのは、個人の観点を排除してもその実在性を損なわない物体をめぐる諸事象である。それに対して「心的」とか「心理的」という範疇の下に包摂されるのは、個人の観点を捨象しては理解できない感覚とか感情とか思考内容とかイメージとか意識のことであるが、これら諸現象は物理的—客観的な実在性をもたないように思われる。このようにして物的—心的という対置図式が客観的—主観的という二元性と堅固な結びつきをもつに至る。しかし、この図式は厳密に考えられたものではなく、日常の感覚体験や生活実感から無思慮に導出された臆見にすぎない。それはすでに二元論を前提している。科学的探究といえども、この前提から自由ではありえない。そこで、哲学に課せられた使命は、この反省されざる前提を暴き、それを解体し、新たな知の地平を切り開くこととなる。ラッセルが、心理学における唯物論的傾向を暴き立てながら、物理学における反唯物論的傾向を示唆するのも、この使命感からに他ならない。彼は『心の分析』のまえがきにおいて、行動主義の心理学が、心よりも物質を重視するのに対して、アインシュタインに代表される新進の物理学者たちが「物質をますます物質的ではないものにしてきている」ことを指摘している。そして彼らの物理学的世界像の基礎をなすのは「出来事（events）」であり、「物質（matter）」はそれらから論理的に構成されたものであると述べている。さらに、心理学の唯物論的傾向と物理学の反唯物論的傾向を調停できるのは、ジェームズの立場であると明言している(1)。

ラッセルによれば行動主義は、内観の内容が外的観察によって発見されるものと異なるところがない、という事実に忠実であるがゆえに等閑視できない(2)。そしてこのことは、感覚や思考の内容を物理的世界から切り離すことを正当化できない、という主張に結びつく。実際、我々が見たり聞いたりするもの、あるいは記憶を頼りにして得られるイメージは、基本的に外部の物理的世界と共通の形式と構成をもっている。ただ、一方が客観的因果法則に従い、他方が主観的な表象によって意のままに構成されるだけなのである。後者も独特の法則性をもっているが、前者ほど明瞭ではないので、後者はそのまま「非物的」という烙印が捺されてしまう。行動主義は、この罠にはまってしまい、研究の対象を外部から観察できる行動に限定したのである。それは裏を返せば、誤った物質の哲学に誘導された、ということである。ラッセルによれば物質とは、感覚与件（sense data）の論理的構成物であり、物理的世界の原初的所与ではない。そもそも彼にとって、世界の究極的構成要素は、物的でも心的でもない「中性的な出来事」なのである。それでは、この中性的な出来事から、いかにして心的世界と物的世界の分離が生じてくるのだろうか。その分岐点を実体論的にではなく法則性に即して説明するのが、ラッセルの独特な方法である。

2　法則性から見た心的なものと物的なものの区別

火には二種類ある。実際に燃え盛る火と想像された火である。前者は触れれば火傷する実在的熱をもっている。それに対して後者は、それに触れることはイメージできるが、実際に熱傷を引き起こすことはない。前者は物理的因果連関の只中にあるが、後者はそれから外れている。こうして我々は、一見同じように見える「物的なもの」と「心的なもの」を区別し、前者に客観的実在性、後者に主観的仮象性の烙印を捺すのである。ただし事態はこれだけでは収拾しない。或る種の人々は、心的なものは物的なものに還元できない独特の実在性をもっていると言い張るのである。これを否定すれば行動主義に代表される唯物論になるし、最大限に強調すればバークリ流の主観的観念論になる。つまり「存在するとは知覚されて在ることだ（esse est percipi）」というわけだ。

ラッセルは、この両極端の中道を選ぶ。それは前述のように中性的一元論と呼ばれる立場である。しかし、この考え方は、心的なものと物的なものを野放図に融合するものなどではない。両者は、実体としての区別は廃棄されても、法則性の観点から区別が確保される。そしてこれが翻って、中性的一元論の論拠をかためる役割を果たすのである。

物理学は物的なものを扱い、心理学は心的なものを対象とする。また両学問は、それぞれの扱う領域に特有の因果法則を探究しようとする。さしあたって堅固だと思われるのは物理学的因果法則であるが、心理学的領域に全く因果法則を認めないのは、深く事象を見つめたことのない者だけである。中性的一元論を理解するためには、心理学的法則性の意味を斟酌することが必須なのである。ラッセルは次のように述べている。「心理学は本質的に現実の個物を取り扱うものであって、ただ単に個物の系を取り扱うものではない。この点において、それは物理学とは違っている。というのは、概して言えば、物理学は一つの物理的対象を作り上げている個物が単一の因果的単位として取り扱われるような場合に、あるいはむしろ、それらがその対象の現れであるような場合に関わるのだからである。概して言えば、物理学が求めるすべての法則は、そのような個物の系（systems of particulars）を因果的単位として扱うことによって述べられうる。心理学が求めるすべての法則は、そのようには述べられない。なぜならば、個物そのもの（the particulars themselves）が、心理学者の関心をもつものだからである。これが物理学と心理学の基本的な違いの一つである[3]」。

ここで「個物の系」と「個物のそのもの」が対置されていることに注意されたい。ラッセルにとって世界は、究極的には感覚ないしセンスデータから成り立っており、これらは心的かつ物的である。そしてこの中性的要素が、出来事を単位として過程的現象を構成するのである。しかるに、この出来事としての単位にはまた、それを構成する個別的要素がある。たとえば一つの視覚的対象は形状や色や空間的位置などからなるが、これらが個別的要素である。さらに別の観点から言うと、その対象は、視覚的ないし被知覚体的要素を剝奪されて、構成物質（分子、原子、ならびにそれらの合成から創発する物理的特性）を個別的要素とするものとしても規定される。物理学は、一つの現象的出来事を、これらの個別的要素の系として扱い、そこに因果法則を確定しようとする。そしてその際、単独の個別的要素、とりわけ知覚的要素の個別的特質にはほとんど注意が払われず、多くの場合には無視される。それに対して心理学は、一つの現象的出来事の個別的要素に着目し、それらが知覚され認知される仕方に興味をもつ。その際関与してくるのは、知覚者のパースペクティヴと履歴である。これらは一般に「主観性」の範疇に括られるものだが、ラッセルの観点は主―客対置図式を乗り越えようとするものなので、物理的世界への橋渡しが常に配慮されている。つまり、パースペクティヴと履歴の法則性は、非物質的世界へと囲い込まれずに、中性的媒体を介して物理的世界へと開かれているのである。そして、この中性的媒体とは、世界の論理的骨格とも言うべき原事態であり、その原事態から心的世界と物的世界が分岐しつつ発出するのである。

3 内観の可謬性

我々は、自らの心の内を他人に明かさずに秘蔵することができる。その内容へのアクセス権は各個人にあるのみである。また、それは外からは観察できず公共のまな板に載せることができない。この非公共的な内面を観ることを「内観（introspection）」と言う。

内観は客観化できないがゆえに非物質的であり、科学の研究対象となりえない、という見解は容易に生じる。これは行動主義の心理学において最も顕著な傾向であるが、一般民衆の暗黙の了解事項ともなっている。しかし、果たしてこうした見解は普遍的妥当性をもつだろうか。それは一見そのように思われるだけではなかろうか。かつて何人かの哲学者が、通説に反対して、内観の私秘性という見解の自己欺瞞を暴露しようとした。ラッセルもその一人である。彼の批判の論点は次の四点に集約される[4]。

(1) 感覚に関して言うと、私的と公共的の区別は程度の問題であって、種類の問題ではない。

(2) 心の内部と外部世界の区別は確定したものではない。両者は感覚によって橋渡しされる。

(3) 内観は誤りえない、という見解は疑わしい。

(4) 私的であることは、科学の対象であることと矛盾しない。それゆえ内面的心を科学の対象から外す行動主義は間違っている。

まず(1)について。ラッセルによれば、視覚と聴覚は最も公共性が高い。嗅覚は少し公共性が低く、触覚となるとさらに少し低くなる。そして問題は身体的感覚である。頭痛、歯痛、飢え、渇き、疲労感などの身体的感覚は公共性が希薄である。それらは全く私的なものに思われる。つまり、それらは「他人が自ら感じていることを我々に言うことはできるけれども、我々が彼らの感じていることを直接観察できないような領域[5]」を示唆するのである。しかし、このような特質も完全に公共性から離れたものではない。たとえば「歯科医は君の痛みを観察することはないが、彼はそれを起こさせる虫歯の穴を見ることができるのであって、仮に君が彼に言わないでも、君が悩んでいることを推察することができるであろう[6]」。ここで「推察」という契機が重要である。なぜなら、この契機を通して私秘性は公共性へと橋渡しされ、後者へと融解されるからである。もともと私秘性の過度の強調は、精密な類似性の確証を求めすぎて生じたものである。しかし個々の観察主観のパースペクティヴと履歴は唯一無二なのだから、観察の結果が完全に一致することなどありえない。しかるに、ここが重要な点だが、公共性とは観察の結果の合致から得られるものではなく、相互に了解可能な推察の共通性から規約的に生じるものなのである。それはまた心理学的な法則性をもっている。こうしたことは、何もラッセルの言明を待たずとも、日常生活を注意深く省察すれば分かることであろう。要するに、パースペクティヴと履歴に影響される感覚の公共性と私秘性間の階層は、どこにも断絶はなく、緩やかな傾斜をもって連続しているのである。

次に(2)について。いわゆる内部を見ることによって、我々は物理的世界の構成要素とは基本的に異なったもの、たとえば思考、信念、欲求、感情などを観察する。そして、これらの内観的データの非物理的性質が誇張されるとき、心と物質の差異が増幅され、心の内部と外部世界の区別が厳格化されるのである。しかしラッセルによれば、物質の最終的構成要素は原子や電子ではなく、感覚である。この感覚としての物質は、心の内面世界にも浸透している。それゆえ内部と外部、物質と心の区別の戒厳令は感覚的要素の共有性によって解除される。これはヒュームやマッハと同様の感覚的現象主義に由来する主張であるが、かなり無理があるように思われる。こうした考え方では、物質ないし物理的世界の本性も十分把握できないであろうし、心に関して言うと、自我や主観を消去する方向に行ってしまいがちとなる。筆者は、ラッセルの意向には基本的に賛同するが、身体性や生命的要素を顧慮しないと方法論的に破綻してしまうことを危惧する。ただし、これは筆者の課題なので、後で詳しく論じることにしよう。

次に(3)について。たとえば或る人（A）が「彼は私を妬んでいる」という信念をもったとしよう。しかし「彼」（B）に言わせれば、「そんなことはない。それは彼（A）の思い込みだ」としたらどうであろうか。この場合、Aの信念は主観的には正しいが、客観的には間違っている、というのが穏当な答えである。内観の不可謬性の擁護者たちは、何もこの一般的な見解に反対しようとするのではない。彼らは、Aが自らの主観的信念に関して見誤ることがない、と主張したいのである。つまりAは、外部世界に属すBの心理に関しては見誤っても、直接アクセスできる自らの心の内部の出来事に関しては的をそらすことがない、と言いたいのである。しかしラッセルによれば、この見解は砂上に築かれた楼閣にすぎない。彼は言っている。「何を我々が欲求しているかに関する内観の誤りやすさは、精神分析学によって明らかにされる。何を我々が知っているかに関する内観の誤りやすさは、簡単に証明される。自伝は、注意深い編纂者によって文献的証拠とつき合わせられると、明らかに不注意による誤りに満ちていると分かるのが普通である。今から何年か前に書いたまま忘れていた手紙を突きつけられると、我々の誰でも自分の意見が、そうだと思っていたよりも何倍も愚かしいものであると分かってたまげるであろう[7]」。こうした事実を直視すれば、心の働きを内観ないし内省によってのみ捉えようとするのは間違いである、とすぐに分かるであろう。ラッセルが言いたいのは、内観が全く信頼できないということではなく、それのみを基点として心的現象にアプローチする姿勢に根本的欠陥がある、ということである。我々は心的現象や主観性に関しても、仮説を立ててそれを検証する自然科学の方法を流用すべきなのである。これは、最近の認知神経哲学の傾向を先取りする探究方針である。

最後に(4)について。ラッセルは『心の分析』の初期の原稿を、行動主義の第一人者J・B・ワトソンに見てもらっていることからも分かるように、決して行動主義を軽視していない。それは、内観の不可謬性を否定し、動物の行動をモデルとして心理現象を解明しようとする姿勢にも表れている(8)。ラッセルとワトソンを区別するのは、内面的イメージないし心像の実在性を認めるか否かである。ラッセルはそれを認める。そして、それが生理学的に引き起こされる可能性を顧慮して、「私的であること」が、それと我々の身体との神経的結合から来る、という見解を容認する。彼は言っている「イメージが私的であることがそれの科学的研究の障壁となる必要がないのは、身体感覚が私的であることがその科学的研究の障壁とならないのと同じである」(9)。行動主義は、なぜ内的心像の存在を否定したのか。それは誤った物質の哲学に基づいていたからである。物質や物理的プロセスは本来、「客観的」とか「非心的」というレッテルによって尽くされるものではない。つまり、そうした観点の整理に要求される「構成概念」によっては捉えきれないのである。それを捉えるのはむしろ、心的でありかつ物的である中性的な感覚だ、というのがラッセルの見解である。この説は、二〇世紀の物理学の変革を援用して補強される。彼の論証は、全面的には成功していないにしても、心理学の唯物論的傾向が誤った物理学の哲学に由来する、という見解は大変示唆的なものだと思われる。

4 中性的一元論の意義

我々は、物事を考えるときに必要な根本概念を多数所有している。「物」と「心」というのは、そのうちの二つだが、我々の思考と現実把握の枠組みを形成する機能において群を抜いている。そしてこの機能特性は、両概念が矛盾対当の関係にあるという思念を介して際立ってくる。これを極端に推し進めたのが実体二元論だが、物的一元論も心的一元論も実はこの思念に呪縛されている。また一般人の常識を支配しているのもこの思念に他ならない。

物と心の二元的区別は一見合理的に思われるが、そうした仕方では説明できない多くの現象が、この世界には存在する。そこで古来、或る種の傾向の哲学者が、物心二元論を脱して、中性的根本要素を見出そうとしてきた。この傾向にあるものとしては、最古参がアリストテレスで、それからスピノザ、シェリングらを古典的例として挙げることができる。そして一九世紀から二〇世紀にかけて、この傾向はマイノリティを脱して一気にメジャーの地位を獲得した。その代表がジェームズとホワイトヘッドであることは、先述の通りである。ラッセルがこの二人（とりわけ前者）の傾向を継承していることは間違いないが、彼の特徴は「中性的要素」を際立たせる明確な意図、ならびにそれに並行する方法論の精緻さにある。

そもそも、なぜ我々は物と心を媒介する中性的要素を求めるのだろうか。こう問い始めると答えに窮するが、ラッセルの方法はまずこの紛糾を打破してくれる。そして中性的要素を探究するための手順の模範例を明確に提示してくれる。これだけでも十分価値がある。また彼は、自らの方法が未完成の開放性を帯びたものであることをきちんと自覚している。これは彼が称揚する、哲学における科学的思考法の応用という姿勢の表出である。つまり仮説を提出して、それを検証しようというわけである。したがって、我々は彼の思想を鵜呑みにする必要はいささかもない。ただ彼に触発されて、自ら合理的と思われる戦術を採ればいいだけなのである。

ところで、一般に堅固な客観的実在性をもつように思われているのは物質・物理系である。それに対して心・心理系は自然的世界のうちに明確な地位を所有していない。そこで心・心理系は、自然的世界の外に置かれて超越論化されるか物質・物理系に還元・消去されるかのどちらかになりがちである。しかし現実は、この誤ったジレンマを拒絶する。現実は心と物の弁証法的発展、つまり心と物の対立を過程的要素へと統合する自己展開である。そこではどちらの要素にも優位性はない。それゆえ重要なのは、心に物的要素を見出し、物に心的性質を看取する形而上学的眼差しの彫琢である。そして、この眼差しの焦点が「中性的要素」なのである。ラッセルは、物理学と心理学双方がその上に築かれるべき「基礎的科学」を「真の形而上学」と呼び、次のように述べている。「おそらく、心的出来事についての全科学は、とりわけそれの最初の定義に関するところでは、物理学の物質的単位を構成するような個物の系の因果法則よりはむしろ、個物の因果法則が探究される、基本的な統一科学の発展によって単純化されうるであろう。この基礎科学は、物理学が派生的科学になるという結果を生じるであろうが、それは原子の構造についての理論が、化学を物理学から派生させるような仕方でそうなるのである。この基礎科学はまた、心理学をこれまでよりも、諸科学の中にあって仲間はずれで孤立したものではなくするであろう。もし我々がこの点において正しければ、心の哲学において多数の困難――正しい物質の哲学が消滅させるであろう困難――を引き起こしてきたのは、誤った物質の哲学なのである[10]」。

ラッセルの意向は、今日の哲学と科学において十分生かされる方向性へと実を結んでいる。まず二〇世紀の末期から始まった意識科学と認知神経哲学は、意識を自然的・物理的世界へと着地させようとしているが、認知科学と情報理論を介しているので、従来の還元主義に屈することはない。むしろ物理的システムのうちに自己組織性と自律的計算の要素を見出そうとする姿勢は、物のうちに心的要素を見出す態度の洗練された形態を示している。心的システムの中に物理的性質の緩和された要素を漸進的に発見しようとする傾向が、これを背後から支えている。チャルマーズの「情報の二重側面理論」は、こうした趨勢を象徴する結晶の一つだが、その理論は明らかにラッセルの意向を下敷きにしている[11]。

しかし筆者は、中性的要素を感覚ないしセンスデータに見出そうとするラッセルの姿勢には賛同しない。感覚は、抽象的観念や意味や構造といったものを十分構成できないし、電子や原子やエネルギーといった物理特性の客観的性質を完全に包摂できないと思う。その意味では、着実な進歩を遂げている「情報（information）」の概念の方がより有力な候補なのである。その概念の彫琢の進み具合は、非常にゆっくりとしたものだが、それが逆に不気味な確実性を暗示するのである。

なお心身問題の解決策としては、マリオ・ブンゲの創発主義的マテリアリズム(12)が非常に優れており、中性的一元論は、この立場との比較考証を必要とする(13)。両者の弁証法的統合こそ、最良の心身論的立場へと導くことであろう。

注

(1) B. Russell, *The Analysis of Mind,* IndyPublish, McLean, preface（以下 *AM* と略記する）（竹尾治一郎訳『心の分析』勁草書房、二〇〇四年、まえがきを参照）

(2) Cf. B. Russell, *AM,* p. 14（邦訳、二六ページ）

(3) B. Russell, *AM,* p. 62（邦訳、一二〇ページ）

(4) Cf. B. Russell, *AM,* pp. 63-72（邦訳、一二三―一四二ページ）

(5) B. Russell, *AM,* p. 69（邦訳、一三六ページ）

(6) B. Russell, *AM,* p. 70（邦訳、一三七ページ）

(7) B. Russell, *AM,* p. 72（邦訳、一四一ページ）

(8) Cf. B. Russell, *AM,* pp. 34ff.（邦訳、六七ページ以下）

(9) B. Russell, *AM,* p. 92（邦訳、一八一ページ）

(10) B. Russell, *AM,* p. 189（邦訳、三七四ページ以下）

(11) Cf. D. J. Chalmers, *The Conscious Mind: In Search of a Fundamental Theory*

(12) Cf. M. Bunge, *The Mind-Body Problem: A Psychobiological Approch,* Pergamon Press, Oxford, 1980.

(13) 拙著『脳と精神の哲学――心身問題のアクチュアリティー――』萌書房、二〇〇一年を参照。なおラッセルと近い立場にあったC・D・ブロードは心身問題についてより体系的に論じており、中性的一元論と創発主義の関係、ならびに両者の統合の理解の基盤を提供してくれる。Cf. C. D. Broad, *The Mind and Its Place in Nature,* Littlefield, Adams & Company, Paterson, 1960

第4章　サール――生物学的自然主義

はじめに

サール（John R. Searle, 1932–）は現代アメリカにおける心の哲学の第一人者である。彼の初期の興味は言語哲学にあったが、その後、志向性概念の緻密な考察を介して心の哲学に転向した。そしてその際、現代脳科学の成果を積極的に取り入れた。これはデネットやチャーチランド夫妻などと共通する姿勢である。彼らの心の哲学のスタイルは、これまでに取り上げた三人の哲学者と違って、形而上学的議論に深入りしない科学哲学的な色彩が強い。それはまた、前世代の分析哲学の手法とも袂を分かつ。つまり分析哲学は、科学の成果に抵触しない地点で言語ないし概念の分析を行いつつ、心の本性を解明しようとしていたのだが、彼らは科学的事象に直接踏み込んで心の哲学を構築しようとするのである。事実、彼らのうちの或る者はプロの神経生物学者を兼務しているし、たいていが認知科学や神経科学のセミプロである。彼らは、言わば形而上学を欠いたジェームズである。そして、この「形而上学を欠いている」という外見のせいで、彼らの仕事は科学まがいのものと思われてしまう。しかし心脳問題の解決にとって、哲学と科学の区別は二の次である。真実の探究のためには、その区別を乗り越える、開けた態度が要求される。サールはそれを体現している。

今日の心の哲学は心脳問題を中心に議論を進めているが、主流は、何らかの形で心を物理的システムとみなす物的一元論（広い意味での物理主義）の傾向である。これには還元主義と機能主義の両方が含まれる。それに対して、あくまで心をミステリーのうちにとどめたがる人々がいる。彼らは、西洋伝来の二元論の生き残りであり、その主張の核心は「一人称的心性の還元不能な特性」である。こうして物理主義vs.メンタリズムという対立図式が成立する。普通、物理主義とメンタリズムは相容れない立場とみなされているが、古来この対立図式が克服する思想が脈々と生き延びてきた。それは生命に根差しつつ二元論を排除する思想である。ホワイトヘッドの有機体の哲学はその代表例の一つだが、サールは心脳問題の土俵において明確にその思想を生かしている。この点に我々は着目すべきである。

意識に代表される心的現象は「生命」を象徴している、というのがサールの主張の核心である。しかし、それは素朴な唯物論批判と違って、二元論になだれ込むことは決してない。彼にとって心はあくまで脳の高次特性なのである。ただし、この特性は、冷たい機械論によって解釈されるべきものではなく、一人称的心性を含有する生命的現象として理解されなければならない。こう主張する自らの立場を、彼は生物学的自然主義と呼んでいる。

生物学的自然主義は、一人称的心性をも科学的研究の対象として容認しようとするが、それは素朴な主観―客観対置図式の廃棄を含意する。サールにとって主観は客観化できるものなのである。二元論者にとって、この主張はショッキングなものであろうが、生命に根差した哲学者には自明なことなのである。しかし、こうした事柄に関しては十分納得のいく説明が要求される。ところが筆者の見るところ、サールはこの説明において緻密さを欠いたところがある。そこで、ここではそれを顧慮して、彼の主張を批判的に吟味してみることにする。考察は次の順序でなされる。(1)生物学的現象としての意識。(2)意識科学の方法論。(3)意味論的内容。(4)意識と生命。

1　生物学的現象としての意識

西洋の自然科学の中で今一番の成長株とみなされているのは生物学（biology）である。この学問は前世紀の中頃から急成長した。そのきっかけとなったのは遺伝子の分子構造の解明と脳神経科学の急速な進歩である。そして、この進歩の背景には物理科学との強い結託関係の樹立があった。これによって従来の博物学的傾向から脱して、生命現象を物理科学的に解明する基盤がかためられた。

ところで生物学の創始者がアリストテレスであることは誰もが知っている。彼は同時に心身二元論を批判した最初の哲学者でもある。彼は心（psyche）というものを身体の形相と考えた。これを現代風に言い換えると、「心というものは身体という物質系に秩序を付与する組織化の原理だ」ということになる。こうした規定は、「心」というものを主観的意識からはみ出させて「生命」の無意識的領域まで拡張する姿勢を示唆する。

二元論者は、意識が物理的システムだというテーゼを拒絶するが、同時に生物学的生命現象だという主張も受け入れない。彼らは一人称的主観性に取り憑かれており、身体的自然と密着した意識の生命性に目を開けないのである。確かに、意識は心という現象領域の中で最も自然的因果性から切り離されがちな性質をもっている。しかし、それればかりに着目して、意識を身体的自然から切り離すのは軽佻な思考態度である。

サールによれば、意識は確かに還元不能な一人称の主観的特質をもっているが、そのことは、意識が生物学的生命現象であるというテーゼと何ら矛盾しない。彼は至る所で、意識が消化や光合成や呼吸や代謝や有糸分裂と同様の生物学的生命現象だと言っている[1]。このテーゼは、意識が実体や素材ではなく機能ないし性質であることと関連する。つまり意識は、脳ないし身体という物質的システムから独立自存する精神的実体ではなく、脳の機能であり性質だというわけだ。したがって、消化が胃の機能であるように、意識はその他の心的現象と同様に脳の機能であり性質だということになる。これは裏を返せば、胃と消化の二元論が成立しないのと同様に脳と意識の二元論が成立しない、という主張につながる。ただし意識は、他の生物学的現象と違って、機能的因果連関の中に十分収まりきれない。そこで着目すべきなのは、脳には低次機能と高次機能があるという点である。脳の高次機能は、目的性や自由意志や人格性を含んでいる。これらは一見、自然主義的に解釈できないように思われるが、光への向性や生殖活動や群生現象と同様の、生物に備わる生命的現象とみなされるべきなのだ、とサールは主張する。

　それでは彼は唯物論者かというと、そうではない。彼によれば唯物論は二元論と同様に非科学的であり排除されるべきものである。そもそも「一元論か二元論か」あるいは「精神か物質か」というのは、誤った二者択一を示している。それは、一七世紀以来の誤った形而上学的語彙に由来する。そして現代の還元的唯物論者もこの語彙に呪縛されている、と彼は考える。一人称的主観性を特徴とする意識は、消去されたり還元されたりする必要はない。それは、脳の還元されざる高次の特質なのである。これは、脳というシステム全体の実現する特質が、そのシステムを構成する個々の物質的要素（ニューロン、分子、原子、素粒子）あるいは神経モジュールなどのサブシステムに還元できず、創発的振る舞いを示す、というテーゼを含意している。生命的現象が優れて創発的だということは、生物学的自然主義の根本主張である。ただし、サールはこの創発のメカニズムについての詳細な説明は一切行っていない。そこでチャルマーズも揶揄するように、「意識は脳の特性だ」という彼のテーゼは、繰り返される呪文のように聞こえるのである。(2) しかし筆者は、方向性という点ではサールが全く正しいと思う。とにかく意識は優れて生命的現象なのである。創発のメカニズムの解明ないし因果関係の定式化は困難を極めるであろうが、それは今後の心の哲学の課題であり、サールはその明確な道標を立ててくれたのである。

2 意識科学の方法論

哲学の重要な役割の一つに科学の基礎づけがある。とりわけ当該の科学が形成期にあり未熟な場合、科学哲学による批判的吟味が必要となる。この吟味には、科学史を顧慮した学問論的考察、概念形成の正当性の評価、方法論の彫琢などが含まれる。

ところで意識科学は、一九九〇年代に誕生したばかりの、非常に若い学問である。この科学は直接には神経科学と認知科学の融合から生まれたが、その起源はヴントやジェームズが構想した「意識の科学としての心理学」にある。この構想は、行動主義という障壁のために長い間地下に眠っていた。それが最近息を吹き返したのである。この間の事情を汲んで、この新興科学の運動をジェームズ・ルネッサンスと呼ぶ人もいる。

意識は非常に抽象的で客観化しにくいので経験科学の対象にならない、というのが通説となっている。これは意識の主観的隔絶性（私秘性）と形而上学的性格（非物質性）を示唆している。ジェームズもこの問題に悩まされ、意識科学の成熟を後の世代に託したが、彼の哲学的基礎考察（経験の形而上学）は今なお有益であって、現代の意識科学基礎論に陰ながら寄与している。サールは直接ジェームズに言及していないが、その意識科学方法論の開示はジェームズの主観―客観対置図式乗り越えを思わせる。

従来の偏見を解いて意識の科学を正しい方法で立てるための道標を示すためには、「哲学的障壁（philosophical obstacles）」が除去されなければならない。このようにサールは明言する。これは、哲学が観念的で実証性がないから駄目だ、などということを意味するのではない。それは、科学的研究のうちに暗黙裡に前提されている哲学的偏見を打ち破ることを示唆しているのである。彼にとって「哲学」は「科学」と区別される一つの学問ではない。

つまり、分子生物学や地理学や芸術学という個別の学問が区別されるように、哲学と科学は区別されることはない、と言うのである。哲学の主題はすべての領域に遍く広がっており、それは個々の諸科学の対象領域と多かれ少なかれ重なる。それでは哲学と科学を区別する指標は何かというと、それは体系的か否かである。科学は実証的に完成された知の体系であるの対して、哲学はそうした知の体系へと至ろうとする試みであり、実証的知への橋渡し役なのである。(3) では意識科学の成立を妨害する哲学的障壁とはいかなるものであろうか。サールはその障壁を次の九点に集約している。(4)

(1) 意識は観察不能であり、その概念も明確に規定できないので、科学的研究の対象たりえない。

(2) 定義によって、科学は客観的、意識は主観的である。それゆえ「意識の科学」というのは矛盾概念である。

(3) 客観的で量的な神経生物学的現象から主観的で質的な意識の状態が生じる過程についての合理的な説明などありえない。

(4) ただしクオリアと呼ばれる、意識のうちで最も主観的な要素を除けば、意識の一般的特性は量化し客観化できる。つまりクオリアを欠いた意識は科学の対象たりうるのである。

(5) 意識は随伴現象にすぎない。それは実在的な物理的世界の因果連関に何ら実際の効果を引き起こさない。それゆえ、意識は現象面からではなく基底的な神経生理学の用語で説明されるべきである。

(6) 意識の生物学的必然性を明確にすることなどできない。それゆえ、意識の主観的特質を欠きつつも我々と同じように行動するゾンビの存在を否定することはできない。

(7) 意識と脳の間に因果関係を想定することは、両者を分離することであり、必然的に二元論に帰着する。正しい科学的説明は、意識が脳内のニューロン発火のパターン以外の何物でもない、とするものである。

(8) 科学は本質的に還元主義的である。それゆえ、熱が分子活動の運動エネルギーに還元されるように、意識もニューロンの活動に還元されるべきである。そして、脳のミクロの要素としてのニューロンの活動とシステム全体の意識的状態の間に因果関係を想定すべきではない。

(9) 意識の科学的説明は、それを情報処理のプロセスとみなし、計算論《コンピューテイショナル》的手法による記号操作の観点に基礎を置くべきである。

これら九つの障壁はすべて、二元論と還元的唯物論双方を否定する観点に基づいて取り上げられたものである。哲学者であっても科学者であっても彼らが二元論に愛着を感じていれば、意識は物体や物理的プロセスのように対象化できないので、それを科学的研究の埒外に置いてしまう。その際、意識の存在は否定されるか、非物的な世界へと押しやられるかのどちらかになる。いずれの場合にも、意識は客観的実在性をもたず、物理的因果連関のうちに場所を占めないものと判断される。また意識という現象の知り方に関して言うと、二元論的傾向の人々は、客観化的科学の方法の網に決して引っかからないものと考え、それに関する知を非科学的なものとみなすか、経験科学とは別種類の知の体系へと引き込もうとするかのどちらかとなる。それと同時進行するのが、一種の認識論的引き算、つまり意識という現象からクオリアのような主観的現象要因を抜き去り、その残滓を科学的研究の対象として承認しようとする方策である。こうした二元論的態度は、物理的要素への愛着や主観的性質に対する拒絶感と強く結びつくと、そのまま還元的唯物論の立場に変身する。多くの科学者と少なからざる哲学者が、この立場をとっている。つまり二元論と還元的唯物論は、共に或る頑固な認識の形而上学に固執しているのである[5]。それは、物と心、主観と客観を二分して、相容れないものと考える認識の形而上学であり、これが意識の存在を正確に捉えることを妨げるのである。

意識の存在を正確に捉えるためには、主観—客観関係の再把握が必要となる[6]。そしてそれは、この関係の認識論的様相と存在論的様相の区別を顧慮して主観性の存在論的意味を理解することにつながる。「主観的」と「客観的」にはそれぞれ認識的意味（epistemic meaning）と存在論的意味（ontological meaning）がある。認識的意味というのは、事象の知り方に関するもので、主観的と客観的ということに関して我々が日常頻繁に使っているものである。たとえば、「あなたの主張は主観的で客観性がない」とか「この判定は全く客観的で信頼できる」という使用法がそれにあてはまる。それに対して存在論的意味というのは、当該の事象が実在のどの領域ないしレベルに在るかに関わるもので、認識的意味に比べると少し分かりにくい。実際、日常、主観と客観を存在論的意味で考えることなどあまりないように思われる。ただし「心と物質は別の世界に属す」という何気ない言明に、実は主観と客観の存在論的意味が込められているのである。つまり心は「主観的」という存在様式を、物質は「客観的」という存在様式をもつかのような含意が、この言明にはある。しかし、このことはなかなか気づかれない。そしてこの傾向は、科学者のみならず哲学者にも波及している。そこから出てくるのが「定義によって（by definition）」というルーズな主観的と客観的のカテゴライズである（障壁2）。このルーズな手法によって、主―客関係の認識的意味と存在論的意味の交錯関係へと食い入る眼差しがスポイルされてしまう。

サールによると、主観的意識の客観的科学は確かに可能である。この主張に反発したがる人は多いと思うが、彼らは認識的意味に偏向しているにすぎない。サールが言いたいのは、「存在論的意味で主観的な意識」に関する「認識的意味で客観的な科学」が成立可能だということである。このことが分からないと、「意識の科学などありえない」とか「意識の科学はクオリアを排除したものでなければならない」といった想念に傾く破目になる。意識の科学を正しく立て、実り豊かなものにするためには、是非ともサールの主張に傾聴する必要があるように思われる。

主―客関係の捉え直しと共に留意されなければならないのは、還元と創発という周知の問題系、ならびに脳のミクロの構成要素とマクロの高次特性の間の因果関係である。サールによると意識は、脳を構成するミクロの要素の相互作用から創発する高次特性とみなされるが、意識と脳の間に強い創発関係は認められず、前者は後者の「因果的に創発的なシステム特性」とされる。[7] 強い創発関係とは、ミクロの要素には微塵たりとも高次の特性の新しい性質は含まれていないことを示唆し、ミクロの低次特性とマクロの創発特性の間に明確な因果関係を認めないものを言う。これは二元論に近い創発主義の主張である。それに対して因果論的な創発関係とは、ミクロの低次特性と高次のシステム的特性の間に因果関係を認めることを意味する。この因果関係の解明は困難を極めるであろうが、論理的に二元論的分離を認めないのがサールの立場なのである。それがまた還元主義をも認めない立場と裏腹なのは自明なことであろう。

最後に、障壁[9]について。周知のようにサールは心のコンピュータ・モデルすなわち認知主義を激しく攻撃している。認知過程を記号的情報処理とみなす計算論的立場は、主観性の認識的意味、すなわち一人称的心性の独特な性質を見失っている。心のコンピュータ・モデルは、実物の模倣でしかなく、内側から生きられた主観的意識には到達できない。それはプログラマーの外部からの観察に依存する代替物だというわけだが、筆者はこの点には完全に賛同しない。意識科学の進歩にとってコンピュータ認知科学と情報理論は、決して侮れない意味をもっていると思う。デネットやチャルマーズの機能主義的観点も哲学側からの寄与として極めて重要である。もちろんサールは彼らの観点も積極的に批判するわけだが、[8] その論点には無理が垣間見られ、不毛な生物学主義に陥る危険性も孕んでいる。このことは、サールが、意識と脳の間の因果的創発関係を主張しながらも、決してそのメカニズムの詳細に踏み込むことがない、という傾向にも象徴されている。意識と脳の関係の把握には、コンピュータによるシミュレーションが有益なのである。問題は、その節度を守るかどうかであろう。そして、このことには意味論的内容の問題が関わってくる。そこで次に、それについて考察することにしよう。

3　意味論的内容

パソコンのワープロ機能を使って「いし（isi）」と入力すると、「石」「意志」「医師」というふうに何通りかの漢字変換候補が現れる。入力者が「石」のつもりで「いし」と打ち込んでも「意志」や「医師」が表示されてしまうことが間々ある。入力者が、たとえば「その石を拾い上げて」という文を意図して、「そのいし」と打ち込んでも、「を」の前で変換してしまうと「意志」や「医師」になってしまう。この場合、入力者は意味を理解しているが、パソコンは意味を度外視して機械的にプログラムを実行しているだけ、ということになる。つまり、意識的生命体である入力者は言語の生活関連的文脈を顧慮して「いし（石）」という単語の意味を把持しているのだが、機械であるパソコンの方は「石」と「意志」と「医師」をただデジタル記号的に区別して保存しているだけなのである。そこには区別はあっても意味の弁別はない。もちろんワープロソフトは日々進化しており、文脈における漢字変換の機能は精度を増してきている。しかし、パソコンの情報処理には統語論（syntax）はあっても意味論（semantics）はないのである。統語論（構文論とも呼ばれる）は、文章ないし言語における単語の配列や文法の規則、つまり文の構造に関わるものであって、その内容や意味には関与しない。それに対して意味論は、語や文の意味を主題とする。

心の哲学において、人間の認知機能とコンピュータの情報処理を区別する指標として、意味論的内容を含むか否か、が取りざたされてきた。機能主義者は、行動主義経由の客観主義を信条としているので、この区別を平板化してしまう。それに対して、現象論的傾向をもつ者は、人間の心の本質を意味論的内容の含有と考え、それをコンピュータの情報処理から峻別する。彼らは、強い人工知能（strong AI）の構想、つまりコンピュータやロボットが将来人間並みの心や認知機能を獲得するであろう、という楽観的期待をきっぱり否定する。サールは、その代表者の一人だが、彼の特徴は、二元論を同時に否定し、意識と脳の間に確かな因果的創発関係を認めることにある。それゆえ彼には、メンタリズム的な機械論批判の観点はない。彼の主要論点は、強い人工知能や認知主義が実は二元論に依拠しており、心の生物学的本質を見失っている、ということにある。

機能主義や認知主義では、脳の生物学的実質を無視しても、心のシミュレーションは可能であるとされる。つまり生命体の脳の神経活動は、その物質組成や生理学的プロセスを度外視しても、抽象的な機能的因果連関に着目すれば、人工機械による記号的情報処理でシミュレーションできるというわけだ。これはハードウェアとソフトウェアの分割を、脳と心の関係把握に応用したものである。サールが嚙みつくのは、まさにこの点である。彼によれば、デジタル・コンピュータには人間の脳がもっているような「因果的産出力」がない。つまり、人間の脳と心の間には生物学的に必然的な結びつきがあり、両者の間に明確な因果関係があるのだが、コンピュータによるシミュレーションは、この必然的因果関係に制約される部分を無視し、ただ機能という要素を拡大して自己満足しているだけなのである。この主張は、単に機能に着目しても、必要不可欠な自然的基盤には到達しえない、ということを示唆している。(9)

この考えはまた、心と脳の間に第三項を想定する必要がない、という思想に結びつく。サールは、脳の神経生理学と心の志向性とを媒介する計算的プロセスという中間的レベルの要請をはっきり却下する。彼によれば、信念や願望や意志などの心的状態というレベルと脳の神経生理学的レベルの間には、埋められるべき隙間などないがゆえに、いかなる媒介物も必要ないのである。そしてこのことは、脳がそれ以外のいかなる物にも比喩的に置き換えられえない、ということを示唆する。(10) つまり脳は生物学的心の唯一無二の基盤だというわけだ。

確かにサールの認知主義批判には的を射たところがあるが、彼流の生物学的自然主義で心脳問題が完全に解決するとは思えない。なぜなら彼は、心と脳の生物学的結びつきを強調し、それに反する思想を否定するのみで、心と脳の因果的創発関係のメカニズムを積極的に説明しようとしないからである。そして皮肉なことに、情報処理や計算的プロセスといった媒介項の研究は、実はこのメカニズムの解明に寄与するものだったのである。そもそも生物学は、一部の例外を除いて、意味の問題を扱わない。また脳の神経生理学的プロセスにも意味は含まれていないし、遺伝情報の担い手であるDNAには情報のコード化はあっても意味は含まれていない。それらは意識的知覚者によって認知・解釈されることによって初めて意味をもつのである。ところが、この認知・解釈の生物学的基盤は、またしても脳である。ここには解釈学的循環がある。肝要なのは、この循環から下手に外に逃げ出そうとせず、その中に正しく入って行くことなのである。

我々の使う言語は社会的公共性をもっている。意味もまた然りである。そもそも純粋な私的言語がありえないように、意味の私秘性もありえない。社会とは主観と主観がぶつかり合う意味の社交場でもある。そこでは意味の解釈学的循環が生起しており、この生起過程を個体の脳に関する神経生理学的用語で記述・説明することは不可能である。そこで、意味と生命の関係を捉え、それを心脳問題に適用するためには、個体の生物学を超えた生態学的生命論の視点が要求されるのである。意味の発生起源は、複数の脳と脳の間の情報交換、つまりコミュニケーションにある。こうして意味と生命、生命と意識、意識と脳という三つの関係は生態的基盤へと収斂させられるのである。

4　意識と生命

自然界には存在の階層がある。これについて哲学者たちは古くから論じてきた。意識と生命の関係を考えるためには、この階層を顧慮しなければならない。そしてそれは同時に、この階層の中に社会的現実を位置づけ、その存在論的地位を明確にすることを意味する。サールはこれに関して次のようなことを述べている[11]。

観察者に依存しない客観的実在は、力の場における物理的粒子によって構成されている。粒子は、より大きなシステムへと組織的に編入される。地球上の、有機分子によって構成される生物は、生命システムとみなされる。長い進化の過程を経て、そのうちの或るものが神経システムをもつに至った。そして神経システムは意識という機能を獲得した。意識をもつ動物はまた志向性を併せもつ。生物の種が意識と志向性を獲得すると、いずれは集団的志向性（collective intentionality）というものを生み出すに至る。この集団的志向性をもった種は、自動的に社会的事実と社会的現実をもつようになる。ところで意識と志向性はもともと、観察者に依存しない「実在的世界の実在的部分」である。しかし意識と志向性は、観察者に依存する現象を生み出す能力を授けるものでもある。この観察者に依存する現象の一例として「役割（functions）」というものがある。多くの生物種は、対象に役割を付与する。人間の場合には、地位に役割を付与し、それによって制度を作り出す。この過程には言語、あるいは準言語的な記号化の能力が必要である。

ここでは(a)原子→(b)有機分子→(c)生命→(d)神経システム→(e)意識→(f)集団的志向性→(g)社会的現実という存在の階層の創発関係が簡潔に述べられている。この創発的プロセスは長い生物進化の中で形成されたものである。サールは、意識が物理的粒子を基盤として、神経システムという有機物質的生命システムを発生基盤の必要条件と認める点において、自然主義的である。しかし、観察者に依存する主観的現象の実在性を認める、という点で反唯物論的である。

生命の本質の解明にとって意識の実在性を認めることには、いかなる意義があるだろうか。それは分子生物学の

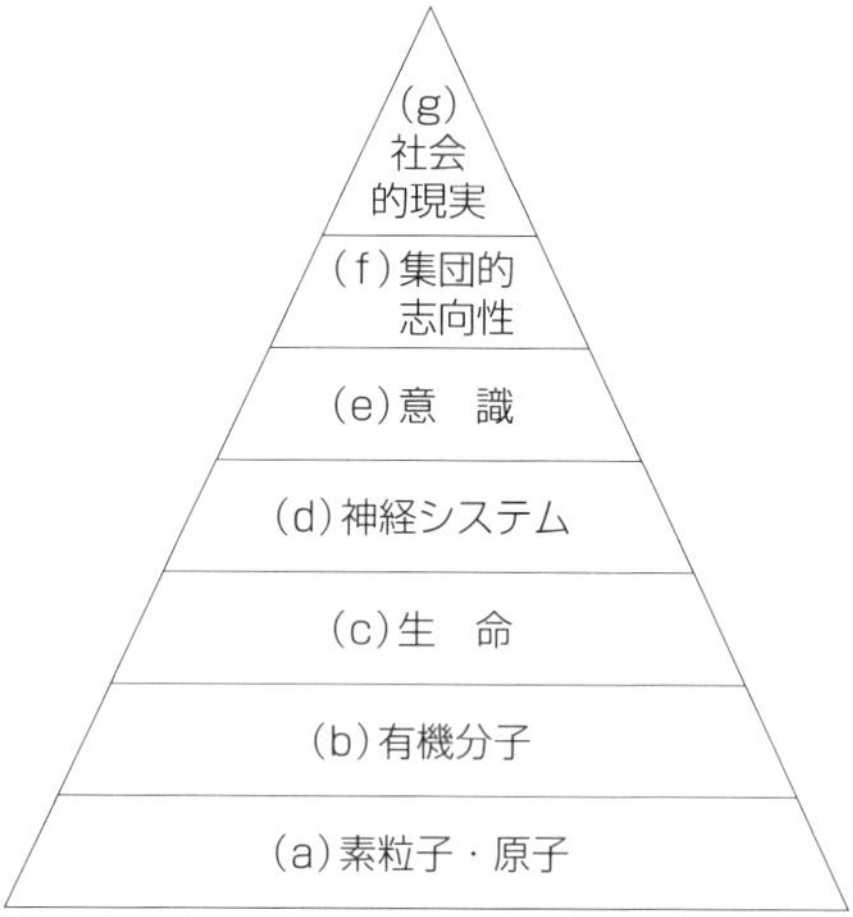

図4－1　心脳問題の観点から見た存在の階層

還元主義的傾向に歯止めをかけることである。DNAの物理―化学的性質に定位する分子生物学的生命論は、上の図に示めされた存在の階層では(a)から(c)に関与している。DNAの働きには、親からの遺伝情報の伝達のほかに、生命体の生理学的機能の調節がある。しかし遺伝情報の伝達と生理学的機能の調節だけでは、生物が「生きていること」の本質を十分規定できない。それらは必要条件ではあっても十分条件ではない。十分条件は、右の階層の(d)から現れ始め、(e)(f)(g)と全部そろって初めて人間的生命の本質を十全に包摂する。もちろん下等動物や原始的生物は(d)まででもよいが。

　ところでサールが重視する脳科学は、神経システムの研究を経て、意識の探究に着手している。保守的な二元論的哲学者の中には、脳科学による意識の研究を拒絶する者が多いが、サールはそれを積極的に評価し、科学哲学的方法論の観点からそれに寄与しようとする。これは生物学的自然主義の実践以外の何物でもない。ただし彼は同時に集団的志向性と社会的現実の重要性を脳科学の研究者たちに認めさせようとする。

　社会的現実は制度的構造をもつが、これは個々の人間の意識や行動や生活様式に影響を及ぼす。存在の階層では最上位にある要素、換言すれば進化過程における最後の契機が、トップダウン的に基礎的要素に影響を与えるのである。還元主義の観点からは、この事態は見えにくいが、因果的創発性を顧慮したサールの生物学的自然主義は、その意味をすぐに看取できるのである。もともと言語行為を重視し、その観点から強い人工知能の暴挙を批判してきた彼の姿勢は、こういう点にも生かされている。ただし彼には、意識と生命の関係をシステム論的に把握するための道具が欠けている。生物学的基盤を顧慮しつつ、意識の創発的性質を捉えるためには、発達や身体性、あるいは経験の時空的構造を説明の道具として取り入れなければならない。それらの要因すべてをシステム論的に統合して、初めて意識と生命の関係を解き明かすことができるのである。それは同時に「創発する意識の自然学」に至る道を切り開くことになるであろう。

ともあれ「現実の世界において、生存のために、植物は光合成を必要とし、人間は意識を必要とする[12]」という素朴な発言に象徴される、彼の良識的な生物学的自然主義は方向性としては全く正しく、二元論や機械的唯物論へと逸脱することから我々を常に防御してくれるのである。細部の考察は、心脳問題に関わるすべての後輩の課題であろう。

注

（1） Cf. J. R. Searle, *The Mystery of Consciousness*, The New York Review of Books, 1997, pp. 3-18（以下 *MC* と略記する）. *The Rediscovery of the Mind*, MIT Press, 1994, pp. 81-109（以下 *RM* と略記する）.『心・脳・科学』土屋俊訳、岩波書店、二〇〇五年、一一一二五ページ

（2） Cf. J. R. Searle, *MC*, pp. 163ff.

（3） Cf. J. R. Searle, *Consiousness and Language*, Cambridge, University Press, 2002, pp. 19f.（以下 *CL* と略記する）

（4） J. R. Searle, *CL*, pp. 21-35

（5） ここで、二元論と還元的唯物論が同じ穴の狢であることに注意されたい。両立場は一見、対極的に思われるが、実は同じ根から生じた様相の異なる世界観にすぎないのである。しかも両立場は共にそのことに気づいていない。それゆえ表面上の対立はいつまでも調停されないのである。「心は脳に還元されない。それは自然科学によって侵されざる聖域である」という言明と「心は脳に他ならない。哲学や心理学は虚学である」という主張は、根本的実在に関する無知から生じた双子の兄弟である。ど

ちらも心の本質を逸脱したものであり、ホワイトヘッドが言うような物理的自然の本性にも到達しえない。

（6）Cf. J. R. Searle. *CL*, pp. 21ff. *RM*, pp. 93ff.

（7）J. R. Searle, *RM*, pp. 111f.

（8）Cf. J. R. Searle. *MC*, pp. 97–176

（9）J・R・サール『心・脳・科学』二八―五二ページを参照。

（10）J・R・サール、前掲書、七五ページ

（11）J. R. Searle, *Mind, Language and Society*, Basic Books, New York, 1998, p. 134（以下 *MLS* と略記する）

（12）J. R. Searle, *MLS*, p. 63

第Ⅱ部

意識経験と自然

第5章　意識経験と自然

はじめに

意識は心的（すなわち非物的）なものであり、それゆえ物理的自然の中に明確な位置をもっていない。このように一般には考えられている。それに対して自然は、とりあえず心的要素を含まないものであり、物理学的因果法則に従って作動する包括的体系とみなされている。ここに意識と自然の二元論的分裂の成立基盤がある。しかし、この二元論的対置図式は、意識と自然の関係の一側面を切り出して、それを過度に強調したものにすぎない。この図式は、確かに理解しやすく、現実を割り切るのに役立つように思われるが、或る重要な契機から目をそらさせる機能をもっている。その契機とは、意識ないし心と自然の有機的接点を見出し、両者の奥深い本性（nature）に食い入る眼差しを確保することである。

ところで意識と自然の二項の中間に「経験」というものを置くことができる。経験（experience, Erfahrung）は、西洋哲学の長い歴史の中で様々な仕方で取り上げられ、論じられてきた。とりわけ近世以降の認識論において経験は、学的認識や広い意味での知識との関係で分析され、吟味にかけられてきた。その際、経験と経験を超えるものとの境界が考察の焦点であった。ここから経験主義と合理論の対立が生じ、認識の普遍妥当性に関する見解の分裂が激化したのは周知のことであろう。こうした認識論的議論とは別に、経験そのものの本性に深く食い入ろうとする探究の流れもあった。これは認識論と存在論の接点を抉り出す方向性をもっており、必然的に「真実在」を開示しようとする形而上学的志向性を示唆する。第Ⅰ部で取り上げたジェームズの「純粋経験の形而上学」は、その代表例であり、一つの頂点を示している。ただし前述のようにジェームズの場合、経験の深淵と自然の関係についての考察が不十分であり、ホワイトヘッド流の自然哲学的心身論によって補うべきことは既に指摘した。そして今や、この問題に真っ向から取り組むときがきたのである。

まず、意識的反省が経験を構成するのではなく、経験が意識的自覚を可能ならしめるという原事実を再確認しておこう。すると、経験は無意識的要素を含むことが分かる。そして、この無意識的要素は生命と身体的自然に密接に関係している。意識的自覚ないし自己意識は、無意識要素から創発する心的現象である。これをもっぱら現象論的に捉えようとするから、意識や自我は物理的自然から切り離されるのである。それに対して、意識的自覚が無意識の大海に半身を浸していることを考慮すれば、意識と有機的自然の関係に目が開かれる。その際、肝要なのは、いきなり意識と物理的自然の関係を問おうとせず、生命と身体性に目を向けることである。これによって、なぜ意識と自然の関係を考察すべきなのか、の糸口が見出される。さらに自我の発生的起源を捉えるために、発達心理学的考察を行わなくてはならない。これについてはデューイやメルロ＝ポンティの先駆的業績がある。彼らの思索は、哲学と経験科学の実り豊かな融合の模範例であろう[1]。

ところで、本章の表題に含まれる「意識経験」という語は、(a)「意識についての経験」と(b)「意識的経験」の両方を含意している。(a)は意識を対象化する経験の方向性を意味し、(b)は意識を能動的に生きる経験の主体的能作の側面を示唆する。この両契機は、ジェームズも言うように、円形パノラマの様相を呈しており、表裏一体となっている。これに身体性はどのように関係するのかが考察の焦点である。また、その際「生きているという実感」は、それとどう関わるのかもまた重要である。さらに他者との共存としての生命へと視野を広げて行くことが要請される。

意識が脳の機能であることは、今日広く承認されている。それはまたジェームズが一〇〇年前に原事実として認めていたことでもある。彼は、この事実からの逸脱を嫌ったが、哲学者の中には、この事実の承認を拒むものがまだいる。他方、還元主義的科学者の心観もまた粗雑すぎる。この両極端の中道を行くためにも、我々は意識経験と自然の関係を考察しなければならないのである。考察は次の順序でなされる。(1)意識経験が発動するとき。(2)自己意識の発達的創発。(3)身体性と生命感覚。(4)経験の豊饒性。(5)意識経験と自然。

1　意識経験が発動するとき

我々各人は、いつ自分が「意識している」ことを自覚するであろうか。おそらく、この問いを突きつけられるまで、それを自覚することはあまりないであろう。我々は日常生活のほとんどを無意識的認知活動に費やしているのである。朝起きて、カーテンを開け、朝日を浴びつつ今日一日の始まりを実感する。それから朝食をとり、仕事に出かける。仕事への熱意によって活動開始の気分は千差万別であろうが、基本的に関心の的となっているのは、自己とその意識内容ではなく、行動を規制する生活的要求ないし仕事内容である。つまり関心は、さしあたって自己の内面にではなく外部の世界の事象連関に向かっているのである。これは仕事の最中にも続く。仕事の最中に自己に関心が向かったら、業務遂行に支障をきたすであろう。仕事を終え、帰宅して自分の時間帯に没入しても、何か特別の事情でもない限り、関心が自分の内面に集中することはない。このことは休日にくつろいでいるときにも当てはまる。
もちろん、毎日出勤の必要がない作家や芸術家の場合、事態は異なってくる。彼らは、一般のサラリーマンより、自己の内面に親しむ機会が多いであろう。そして、その自己関与ないし内省が、創作に寄与するであろう。さらに、その傾向が極度に昂進し悪循環の泥沼にはまると、芥川龍之介やゴッホに見られるような破局に至る。芥川の晩年の作品には、痛々しいまでに、この破局へと至る悪循環が描かれている。彼らの悲劇は、自己の内面と外部世界の豊かな循環的相即性から疎外されて、認知活動が自己内部的空回りをし始めたことに由来する。そのとき自然との、生ける身体を介した有機的接触が滞り、生命力が衰退してしまったのである。統合失調症の遺伝的素質もこれを後押しした。ちなみに、精神病の治療に昔も今も使われる作業療法は、この傾向に歯止めをかける機能をもっている。それは身体的自我の障害を癒す力を備えているが、最近、認知行動療法の介入によって、ますます実証性を帯びたものとなった。

このような特殊な例はさておいて、健常者が意識経験を発動させるのは、どのようなときであろうか。それは自分の存在が問題となり、関心の的になったときである。様々な機会にそれは起こるが、いずれの場合にも、自己の生命と存在の高揚感、あるいはその逆が顕現する。その際、基本的に無意識的認知活動の不断の流れに支配された心的生活が、いったん屈折し、内面的自己をめぐって停滞するのである。すると、認知活動の自覚的側面が前面に君臨して、無意識的要素が背景に引き下がる。これは一瞬のこともあれば、かなりの間持続することもある。いずれにせよ意識的要素が突出して、認知活動の主役となる。

次に注目すべきなのは身体性の次元である。意識経験の発動には、身体運動の所有感ないし自己帰属感が密接に関係している。これには当然、自由意志の問題も関わってくる。つまり意識経験の発動には、身体の随意運動の所有感が関与するのである。そしてそれには能動面と受動面の両方が含まれる。我々各人が「ゾンビ的にではなく、自分で自覚的に自分の身体を動かしているのだ」という感覚は、意識経験発動の重要な契機である。

また記憶の問題も無視できない。「私は私である」という自覚の基盤は記憶という時間的契機である。記憶の機能をもたないものは、時間的ずれに対応した再帰的自己言及が発動しない。そして再帰的自己言及がないものには自己意識も意識経験も生じえないのである。記憶はまた発達的要素とも密接に関係しているが、それについては次節で扱うことにしよう。

記憶という現象にも含まれる時間性の要素は、それを主題的に抽出すると、意識経験の最も重要な契機であることが分かる。これは何も改めてここで強調するまでもなく、古来哲学において主張されてきたことだし、現代の心理学や認知神経科学でも重視されていることである。時間性には、過去からの履歴と未来に向けての展望、ならびにそれら二つの方向性を中心に束ねる現在の三要素がある。経験は、この三要素から決して切り離されることはない。自己意識もまた然りである。よく、現在がすべてであり、過去と未来は二の次である、という見解がまかり通っているが、それは軽佻な見方である。現在ないし今だけでは時間という現象は生じない。「過去を欠いた現在」「未来を含まない現在」などというものは、具体的現実を無視した抽象ないし虚構である。それは、ホワイトヘッドの言う「具体者置き換えの誤謬」を犯している。時間性は、ハイデガーの言うように、既在性（Gewesenheit）と現成化（Gegenwärtigen）と到来（Zukunft）の脱自的統一なのである。この脱自的統一は、過去・現在・未来三要素間のずれと照合に即した自己意識成立の基盤を形成するが、それについては第Ⅳ部で詳しく論じることにしよう。

ただし空間性を欠いた時間性では、意識経験の身体的契機や生命との関連を十分説明できない。また感覚諸要素も空間に深く関わっている。視覚、触覚、聴覚、身体感覚、運動感覚など、どれをとっても空間性から切り離せない。さらに空間性は他者との共存という社会的生活の次元にも関与する。意識経験は、社会的空間における他者とのコミュニケーションから創発する高次認知現象である。このコミュニケーションには音声的言語のほかに、ミードも強調するように[2]、身振り（gesture）も含まれる。身振りは、意識経験の身体空間的発動点を構成するのである。それは、言語をもたない下等動物にも見られるものなので、意識経験の自然主義的解釈に大きく寄与するであろう。

最後に、再び最初の契機に戻って、意識経験が最も際立つ瞬間を取り上げよう。それは、我々各人をして「なぜそもそも私は存在するのだろうか」という問いを発せしめる瞬間である。この問いは、比較的平板な「自分って何だろう」という問いよりもはるかに深い。それは意識と存在の接点、つまり自然の深淵を示唆している。

我々の感覚・知覚作用ならびに認知活動は、さしあたって外部の世界に定位している。その際、意識（consciousness）は、再帰的自己言及の機能が弱められた状態にあり、覚醒（arousal）から気づき（awareness）までのレベルにある。ところが、志向性が内面へと向かい始めると、「意識している自分」が顕現し始める。そしてそれが極まると件の問いが頭をもたげてくるのである。その際、同時に自然的世界全体の存在が「不思議なもの」として際立ってくることに注目すべきである[3]。この同時性において、内部と外部、主観と客観の区別が止揚されて、意識経験と自然の接点が露呈し、生命の深淵が垣間見られるのである。

2　自己意識の発達的創発

意識の発動点は常に現在、今この時である。過去のことを想起するときも未来のことを予期するときも、現在の意識が構成のスクリーンを張り渡す。このように一般に考えられている。しかし、この考え方には大きな欠点がある。それは意識内在主義と主観的構成主義の陥穽、ならびに無意識的認知機能の重要性から目をそらさせる傾向を示している。前節でも指摘したように、我々の心的生活のほとんどは無意識的認知活動からなっており、意識経験が発動するのは稀な瞬間に限られる。しかし、その瞬間は質的に極めて濃く深いので、量的契機を押しのけて、心的生活を支配するかのような印象を与えるのである。

常に今現在発動するかのように思われる意識経験も、発達的履歴に裏打ちされており、それから決して逃れられない。換言すれば、そのつどすぐに過去になってしまう「現在」の膨大な繰り返しが記憶を形成し、それが現在の意識経験発動の見えざる背景となるのである。したがって意識内在主義的な、過去事象の主観的構成には限界があり、意識は意識自身を十分に把握できない、という逆説的事態が生じてくる。そしてこれは、自我ないし自己意識の発生起源に遡ろうとするとき、顕在化し切実な問題となる。

「一体、私はいつ自己意識をもち始めたのだろうか」という問いは、常に現在この時点から発せられる。しかも、それは十分な自己意識が形成された思春期以後のことである。そこで、誕生から三歳までの間に生じた自己意識形成の原点（S）に遡ろうとする場合、一〇代中盤以降の「成熟した眼差し」が意識内在主義的にその原点を再構成するということになるので、一見捉えられたかに思われる原点は実はできの悪いコピー（S′）にすぎないことが分かる。つまり、それは原型を忠実に復元してはいないのである。そもそも、現在中心的な意識内在主義からは、自己意識の起源も自我の本質も捉えることはできない。たとえば我々の自己意識とセルフ・アイデンティティの自覚には常に生年月日というものが付きまとうが、我々はそれを明証的な理性の眼差しによって直接確認することは原理的にできない。それは、親その他の他人によって告げられたことを盲信せざるをえないものなのである。それでいてそれは我々各人の社会的セルフ・アイデンティティの基本的要素であり、かつ「私は私である」という自覚の見えざる中核でもある。生年月日のような卑近で瑣末な要因もまた、深遠な自己意識を縁の下から支えているのである。このことは意識内在主義的な主観的構成主義に反省を促し、無意識的背景に目を開かせるきっかけとなる。

その際、注目されるべきなのは自己意識形成における他者と身体性という契機である。双方とも自己意識形成にとって不可欠なものであり、自覚の弁証法を構成するが、同時に意識と生命の関係を示唆するものでもある。我々は、そもそも自らの意志でこの世に出てきたのではない。「生まれた（受動態）」のである。その生みの親は、直接には母であるが、その奥には社会ならびに自然の生命維持機構が控えている。

自己意識の起源について教えてくれるのは発達心理学である。発達心理学は経験科学なので、基本的に客観主義的思考法をとるが、このことは自己意識の起源の探究にとって何ら障害とならない。そもそも、或る研究ないし学問が客観主義的で別のものが主観主義的だ、というような区分は複雑な事態をあまりに単純化しすぎている。自己意識は確かに主観性を中核とする現象であるが、それについての客観的研究がありえないと決めつけるのは、軽薄な思考姿勢と言わざるをえない。サールも主張するように「存在論的に主観的な現象」に関する「認識的に客観的な考察」は称揚されてしかるべきものなのである。

哲学者の中にも発達心理学に関心をもち、それを意識哲学に応用しようとするものが少なからずいる。メルロ＝ポンティはその代表例である。彼は「幼児の対人関係」という論文において、自己意識の発達心理学的起源に関する現象学的な考察を行っている。[4] その際彼は、ワロンの知見[5]を介して、幼児が自己意識を獲得する過程における身体性と他者の契機に着目する。言語機能が極めて貧弱な幼児には再帰的表象能力がほとんどない。そこで彼らは、身体を通して自己と他者を認知し始めるのである。

幼児は母親の胎内にいたとき、ならびに乳児期からの習慣で、他者と癒合的な身体関係を生きており、その身体感覚はほとんど内受容的なものである。また視覚機能が十分働いておらず、視野が限られているので、自己の身体の視覚的全体像がつかめていない。ところが、次第に母親その他の人々と「触れる・触れられる」経験を積みつつ自分と他人の区別が芽生えると、身体感覚に変化が生じ、同時に「自分と違う他者」ならびに「他者と違う自分」

という意識の原型ができてくる。その際重要な介助役を果たすのが、自己の鏡像に面しての身体的自我意識の芽生えという契機である。なぜなら、鏡像は初めて自己の全体的視覚像を見せてくれ、それが自己の客観視に基づく「他者の視点」の看取へと導き、そこから「他者と共にある〈自己〉」という意識が生じてくるからである。メルロ＝ポンティは次のようなことを述べている(6)。

幼児は普段、確かに自分の手や足を見ることはできるが、しかし自分の身体の全体を見ることはできない。ところが、鏡像に対面した幼児は〈鏡の中のあそこに見える自分の身体の視覚像は自分ではない、なぜなら自分は鏡の中のあそこにいるのではなく、自分を感じているここにいるのだから〉ということを理解しなければならず、また第二に〈確かに自分は鏡の中のあそこにいるのではなく、内受容性によって感じられるここにいるのではあるが、それでも自分は第三者には、「自分を感じているこの地点に」、鏡が見せてくれている通りの視覚的姿をとって見えるものだ〉ということを理解する必要がある。要するに幼児は、鏡の像を移して、それを鏡の底に占めている見かけの潜在的場所から、自分自身の所まで運んでこなければならず、また自分は鏡の像から離れたところにいながらも、その像と自分の内受容的身体とは同じものなのだと考えることが必要となるのである。

ここで「内受容的な身体感覚」（iB）と「初めて対面した自己の視覚的鏡像」（oB）と「他者の観点」（aP）の三者の関係が問題となる。自己意識創発の原点は、この三者の統合にある。この統合が半ば無意識裡に感得されることによって、初めて「私は私である」という自覚が芽生え、他者は私と違うあの人であり、かつ私と同じような感じ方をするもう一人の人であるという社会的人間観の原型が生まれるのである。その際、iBがoBを介してaPの了解を可能ならしめることに注意すべきである。そこでは言語的コミュニケーションよりも、身体的触れ合いないし身体経験が優位を占めている。幼児期をすぎて少年期に入る頃から言語的要素が優勢となってくるが、最初期の意識経験においてはより動物的な身体経験の力が強いのである。もちろんこれは、言語的契機を軽視することを意味しない。ただ、成熟者に備わる言語的表象作用と宣言的記憶機能に力点を置きすぎると、自己意識の起源が、意識内在主義的な現在の視点から遡行的に再構成されがちとなり、起源の本来の姿が捉えられないことを危惧しているだけなのである。

自己意識は自然的―動物的発達過程の中で創発する生物学的現象である。それは、意識のより原初的形態である無意識的認知活動の自己組織化から自然に生まれてくる。その意味で「創発する」と言われるのだが、それは全くの偶然性や予測不可能性を意味しない。条件が自然に整ったとき、自己意識の創発が起こるのである。それは時間的に不可逆な現象である。その意味でも成人の視点から超越論的に再構成できないのである。むしろ、成人の哲学者が行う自己意識の研究が、常に幼児期の無意識的―身体的獲得過程を顧慮することによって深化されることを望むべきであろう。

ところで、直前に述べた「条件が自然に整う」ということは、意識が他者との身体的共存という生命性の次元から切り離されえないことを示唆する。幼児期に他者との触れ合いから生じる感覚諸機能の統合と身体図式の整備は、自己意識形成の空間的側面を指し示しているが、それは深い意味で生物学的なものである。つまり生命の深淵を示唆しているのである。そして、それは時間的要素と連動して生命感覚というものを形成する。そこで次に身体性と生命感覚について考察することにしよう。

3　身体性と生命感覚

我々が自分で自分の身体を自由に動かせるということと「生きている」という実感は密接に結びついている。身体に関しては、それを物体的身体（Körper）つまり物質的組成物として見る立場と、生きられる主体的身体（Leib）つまり心的作用が浸透した機能システムとみなす立場がある。前者を扱うのは解剖学と生理学を中心とした生物学と医学系の学問である。それに対して、後者は哲学や心理学や社会学において取り上げられる。ただしケルパーとライプという二つの互いに相容れない独立実体がある、というわけではない。両者は、本来一つである元のものの二つの側面なのである。その元のものを「心身的生命プロセス」と呼ぶことができるし、ホワイトヘッド流に「有機体（organism）」と簡潔に表示することもできる。

生命に関しても、大きく分けて二通りの捉え方がある。まず今日流行している分子生物学を中心とした生物学的把握があり、それに対立する形で人格性や人生観を顧慮した人文系の生命観がある。この二つも本来一つのものからの派生態なのだが、両者の接点はなかなか見出せないのが実情である。

本来一つの元のものから二つの対立物が創発するプロセスを説明することは困難を極めるが、二つのものが決して矛盾対当の関係にはない、ということを理解させるような要素を開示することは比較的容易にできる。そしてそれは、物心二元論ないし心身二元論を排除する形で身体性と生命感覚の関係を考察することによって可能となる。

「身体性」という言葉は身体の感覚と意識を含んだもので、単に物体として外から見られた身体を意味しない。それは内側から感じられる身体の性質であり、必然的に自由意志ならびに運動感覚と連動している。もちろん物質的組成物としての身体の側面が無視されるわけではないが、積極的に注目されるのは意識に感じられる身体の働きの方なのである。それは、物理的世界の階層に関係づけて捉えると、原子や分子などの基礎的構成要素よりも、それらの複合体が形成するシステムの創発的機能特性に親近的であることが分かる。後者は、近年、物理的諸科学においてますます実在性を帯びたものと考えられるようになってきている。また生物学における生命の理解もＤＮＡの分子生物学的機能一辺倒の立場を超えたシステム論的なものに変貌してきている。そこで生命システムという概念が必然的に生じてくるわけだが、それは個体の皮膚の外延内の物質組成と生理学的機能を超えて、自然的ならびに社会的環境へと運動図式を介して参与している有機体の世界内存在様式まで包摂している。

そこで注目されるべきなのが「身体を介した他者との社会的共存」という契機である。「他者との共存」という契機は生命の本質に深く関与している。それはまた同時に自己意識と他者理解を表裏一体のものとして理解させる役も請け負う。メルロ＝ポンティによると、自己の身体の意識と他人知覚との間には対応関係がある。つまり、自分が身体をもっているということを意識することと、他人の身体が自分のとは別な心理作用によって生気づけられていると意識することは表裏一体の関係にある。換言すれば、自己の身体の経験と他者の身体の経験とは、一つの全体を形成し、一つのゲシュタルトを構成するのである(7)。この考え方は身体現象を介した意識の自然主義的把握の基盤となる。そもそも身体とは大地に根を張った自然的現象である。それは言語的表象にまといつかれた、せせこましい主観性の立場を駆逐する威力をもっている。少年期以降になって生じる「比類なき我」という思念、ならびに意識的構成に執着する主観性賛美の傾向は、自然的根底からの逸脱にすぎない。それに対して身体的自己は、他者に対して主観性のバリケードを築くことなく、無意識の根底を他者と共有しつつ、その相互連動から自己固有の意識（主観的パースペクティヴ）を生み出すのである。しかも、それが他者と共有された分配物であることをきちんとわきまえている。ここにコミュニケーションと相互理解の可能性の原点がある。だからミードは言語よりも身振りの方を根底的なものと考えたのである。

独我論というものは意識哲学の観点からすると極めて不毛である。そして何よりも生命の本質からの逸脱を示している。それゆえ意識と生命の関係を考える際には、独我論の誤謬推理が何に由来するのかを解明して行けばよいということになる。その際にも身体性と生命感覚が密接に関係しつつ意識の世界開放性を生み出す、ということを忘れてはならないのである。

4　経験の豊饒性

ここで「経験」という言葉の意味を改めて考えてみよう。この言葉は日常よく使われるし、本書でこれまで何度も触れてきたように、哲学の根本的考察対象でもある。哲学においては、認識の基本構造ならびにその限界を考察する際に「経験」という概念が吟味にかけられる。それはまた「意識」というものと密接に関係している。しかし、哲学における抽象的議論になじめない人々は、経験そのものの意味を問うことの意味がなかなか分からない。つまり、なぜ「経験」というものがそもそも問題になるのか、が分からないのである。とはいえ、彼らは日々経験しているし、「経験」という言葉を頻繁に使っている。そのうち最もポピュラーなのは、「経験がなければ分からない」「理屈をこねるより実際に経験（体験）してみることだね」「経験がものをいう」などの一連の発言である。また求人広告によく見られる「経験者優遇」とか「経験を考慮する」という追記事項も、「経験」という語の日常的な使用法の代表例である。

これらの日常的使用法にも実は哲学における「経験の範囲と限界」への関心が潜在的に含まれている。ただ、それが表立って主題化されないだけなのである。そして、このことは経験科学である心理学や認知科学にも当てはまる。これらの科学は、心的現象や認知や意識を研究対象とするが、哲学のように経験そのものを主題とすることは稀である。なぜなら経験そのものの吟味は、学問（Wissenschaft：知の組織体、science：細分された個々の科学）の根本的可能性を問うことを意味し、その知の質は個別的科学とは同レベルにはないからである。つまり経験の形而上学としての哲学的認識論は、メタサイエンスという性質を帯びるのである。ただし哲学に興味をもつ一部の科学者は、自らが遂行している科学的研究の基礎を考察しようとする。つまり彼らは科学者と科学哲学者を兼任するのである。他方、科学に興味をもち、それを自らの研究に取り入れる哲学者もけっこう多い。特に経験主義の伝統に根差した英米の哲学者にこの傾向が強い。そして、その傾向は現代アメリカの認知神経哲学において最も顕著である。既に指摘したように、このアメリカ哲学の傾向は、創始者の一人であり、医学博士の学位をもつ哲学者ジェームズの姿勢に淵源する。

ジェームズが経験そのものの根本構造を問い、純粋経験の概念に至ったのは、単に学問論的ないし認識論的関心からではない。それは、心理現象と意識への深い洞察、ならびに人間の本質へと食い入る姿勢からであった。彼は、抽象的で観念的な哲学議論に終始することを嫌い、具体的で日常的な生活事象や人間的現象を生きた言葉で解き明かすことを常に念頭においていた。これは、学者間では軽視されがちな人生論的議論の意義も斟酌することを意味するが、プラグマティズムの理念に適うことなのは言うまでもない。生理心理学者として心理臨床に深い関心をもつ彼にとって、経験そのものへの問いは常に人間的現象への洞察によって裏打ちされていた。この傾向を最も鮮烈に示しているのは『宗教的経験の諸相』である。彼は、この本を自らの憂鬱症の治療を兼ねて書いたのであるが、同じ傾向をもつウィトゲンシュタインが熱心に読んでいたこともまた有名である。

こうした例を顧慮すると、学問と日常生活、科学と哲学、日常的語用法と厳密な概念規定といった対立事項の間の隔絶を諌めたいという欲求が自然と湧いてくる。それらの間に厳格すぎる境界線を引くことは、経験の自然的本性からの逸脱につながり、哲学的考察を貧しい内容の、死せる観念論に堕落させる。日常的経験と科学、生活世界と科学の関係は、フッサールも学問の危機を危惧しつつ、重要な考察対象として喧伝していたことであった。つまり彼にとって「科学が人間的生活にとっていかなる意味をもつか」が問題であった。しかし、そうした問題を考える際の思考態度は、過去の様々の思想や文献の権威（たとえばアリストテレスやトマスやカント）に依拠することによってではなく、問題そのものと事象そのものへの関心によって導かれなくてはならないのである。つまり、幾世紀にも渡って「これが哲学だ」という権威を掲げてきた独善主義に対抗して、問題そのものと事象そのもの、つまり「経験」と「意識」を探究しなければならないのである。それが哲学であるのか科学であるのかは二の次である。ただしフッサールは生理学的ないし物理的事象の取り扱いが不十分なので、この点は神経と脳の知見が豊富なジェームズや物理学に造詣が深い自然哲学者ホワイトヘッドによって補われなければならない。現象学者の中ではメルロ＝ポンティが一番深く二元論を克服しており、生理学的事象や自然科学に身を開いている。そのメルロ＝ポンティを敬愛する認知生物学者ヴァレラは次のように述べている。

ほとんどの人々は、素粒子の集合体としての物質／空間に関する科学的説明を根源的な真理として受容するだけで、自らの直接経験からもたらされる豊饒なものを、さして深遠とも真実味があるものとも扱わないのである。しかしながら、くつろいで陽光を浴びているときの身体の幸福感や、バスに乗り遅れまいとして駆けているときの身体の緊張感からすれば、空間／物質に関するそのような説明は、抽象的で二次的なものとして幕の後ろへ隠れてしまうものなのだ。

認知や心について検討するときに経験を棄却することは擁護できないし、矛盾したことでさえある。特に認知科学においてこの問題が表面化するのは、認知科学が自然科学と人文科学の交差点に立つからである。認知科学はヤヌスのように両方の道を同時に見る。自然に向けられる面は認知過程を行動として捉え、人間の世界（生活

世界）に向けられる面は認知を経験として捉えるのである。(8)

ここで「自然科学と人文科学の交差点」という契機が重要である。普通、人間的経験というと人文科学が扱うものを思い浮かべがちだが、神経生理学的事象や行動遺伝学的要因も無視できない。そうした生物学的要素を欠いた経験の考察は、やはり心や意識の自然的根底から逸脱せざるをえないのである。しかし多くの人々は、二元論的思考法に慣らされているので、日常の人間的経験や意識的経験の現象的側面ばかり見てしまい、それを物質・物理系の事象から切り離して理解しがちとなる。その際、それを直接的所与として偏愛しすぎるか、物理的事象の単なる随伴現象として軽視するかのどちらかとなる。ヴァレラが言いたいのは、この両極端の中道を行くことの重要性なのだが、経験のもつ主観的特質の力に圧倒されて、いつの間にか二元論の陥穽にはまっているように思われてならない。これは現象学的思考法の弱点を象徴している。つまり目標は立派だが、手段に欠陥があるのである。この点では、第Ⅰ部で取り上げた四人の英米系の哲学者の方に軍配が上がる。彼らは経験や意識を物理的ないし生物的自然から切り離すことが決してない。人間的経験や意識的経験のもつ肌理の細かい現象的―主観的性質は、その自己組織性やシステム的特性や機能的性質を顧慮すれば、物理的自然現象とは無縁ではなく、それと共通点があることが分かるはずなのである。そこで肝要なのは、物理的自然現象と一人称的経験との間の創発関係を理解することとなる。後者が前者の創発特性である限り、後者を前者に還元する必要がなくなるし、両者を二元論的に分離することも必要なくなるのである。「そんなにうまい話はない」というのはもっともらしい反論だが、実は現実を無視した空理空論にすぎない。経験的事実は理屈に常に先立っている。個人の人生行路の諸段階で起こることも社会や自然界で起こることも創発現象で満ちている。それを無視して理屈を先行させるとゼノンのパラドックスのようなものが生じる。それゆえウィトゲンシュタインは、言語が生活連関から切り離されて空回りしたとき（つまり思弁的使用に陥ったとき）哲学的アポリアが生まれる、と主張したのである(9)。

ただし経験の直接的所与の現象的性質をしっかり捉えることは、やはり重要である。肝要なのは、それを物理的事象から二元論的に分離して実体化しないこと、そして経験を科学との円舞にもち込むことである。その際にも創発という現象を忘れてはならない。経験の豊饒性は、この現象に基づいているからである。

5　意識経験と自然

我々にとって最も近い自然は各自の身体である。そして、ホワイトヘッドも言うように、身体と自然の間に境界はなく、両者は連続している。それでは意識はどうであろうか。意識を無時間的現在ならびに非空間的（非延長的）中心点へと収斂させれば、それは身体と自然から切り離される。多くの人は、日常の素朴な体験内容の反省から、意識が身体と物理的自然とは別の存在カテゴリーに属すものと考えてしまう。これは、主観的パースペクティヴというものが常に時間的連続性と空間的広がりから切り離されつつ発動する、という原初的傾向に由来する。それに対して、我々の心的生活の大部分を占める無意識的認知活動は基本的に「停止しない時間流」と「中心へと凍結しない空間的豊饒性」によって構成されている。そしてこれは、自然体にある身体の活動にも当てはまることである。また自然を有機体とみなせば、それにも適用できる性質である。

身体と自然が連続していることを理解するのは容易である。また身体と意識が一体であるということを把握するのもそれほど困難ではない。しかし意識と自然の関係となると、そうたやすくはいかない。なぜなら「自然」というものは、たいてい物理的で機械的なものを連想させやすく、その豊饒な性質が飛び越えられて、非心的なものとみなされがちだからである。もちろん情感的自然観というものも一般に流布しているが、それは存在の階層ないしカテゴリーを整理しつつ捉えられた厳密な概念ではない。そこで、それと物理的自然との関係とか、身体や心との関係とかを問われると、答えに窮する破目になるのである。これは我々の言語が物心二元論になじみすぎており、実際の存在的事実を示す言葉を欠いているがゆえに生じることである(10)。

人間を心身統一的な有機体とみなし、それの遂行する経験が有機体と環境との臨界において生起するという点を堅持すれば、意識と自然の連続性が理解される。この考え方を妨害する障壁は、内部と外部、主観と客観を頑固に対置する思考傾向である。前述のように、「内部への折り返し」と主観的パースペクティヴの獲得は、自然的生活から派生する第二次的なものであり、反省の結果生じる事後的事実である。それは、後になって生じた意識的自覚、ならびにその表象内容を、すべての現実理解の原点と誤解する、思考上の癖に由来する。その際、過去の履歴（既在性）と体験の流れが度外視されて、時間の巻き戻しがいつの間にか行われる。つまり、不可逆の時間流の観点からすれば後なるものが、空虚な現在の視座から始点に引き戻されるのである。そこで生じるのが、一切の経験に先立ちつつ、経験の可能性の根拠を考察する「超越論的主観性」の観点である。これは一部の哲学者に流布しているだけではない。その原初的形態は無反省な一般人の思念にも浸透している。「他者から知りえない自分の内面的意識」「対象化できない自分の心」といった素朴な想念は、実は哲学における超越論的主観性の薄められた形態なのである。

ドイツを中心とした超越論的哲学に対して、イギリス経験論やアメリカのプラグマティズムは経験に先立つ要素を無理やり引き出そうとはしない。ただし、古典的経験論においては、バークリやヒュームに特徴的なように、外界の実在性を疑う姿勢が濃厚である。しかしジェームズやホワイトヘッドやデューイとなると、基本的に自然的実在論の立場をとる。たとえば「心がいかにして外的世界の存在を知ることができるのかという問題は、いかにして動物が自分自身にとって外的な物を食べるのかという問題と同じである(11)」というデューイの発言は痛快である。

「食べる」というような卑近な行為も意識や経験の構成に深く関与する。そもそも食べて脳に栄養（主にグルコース）が行き渡らなければ、思考も意識も成り立たない。ただし、それは下部構造なので、思考の内容や意識の質に直接関与しない。そこで普通、重視されない。しかし環境の中で生きる有機体としての主体という見地からすると、「食べる」「飲む」「座る」「歩く」「セックスをする」「殴る」「眠る」といった一連の行為は、生きた認知活動の一環として、意識と経験から決して切り離せないものなのである。その際生命は、分子生物学的な静的メカニズムの観点からのみ捉えられず、有機体の生活上の行為をも顧慮して理解されるべきである。そうすると、内部と外部の関係が生命の観点から新たに照射される。つまり、環境の中で生きる有機体は、常に外的自然との相互作用において内的自然（生理学的—生物学的組成）を編成している、ということに目が開かれるのである。有機体としての主体は、常に環境に働きかけつつ、自己の内面を開放的に構成する。ポスト還元主義の分子生物学でよく言われる、遺伝子と環境の相互作用は、これをミクロレベルで表現したものである。

　環境と相互作用する有機体が、身体的行為において意識経験を発動させるとき主観性のパースペクティヴが生じる。それは「私は私であり、私の対面している世界と他者は、私独自の経験領域にある」という自覚を内実とする。しかし常に立ち止まって考えているわけではないので、身体的触れ合い（これは必ずしも直接の物理的接触を意味しない）や物的環境への関わり（石を拾う、自転車に乗る、暴風を受ける、カラスに糞をかけられる、夕日を浴びる、等々）において、随時「他なるもの」にさらされ、そこから反照的に自己へと還ることとなる。したがって内面への折り返しとしての主観的パースペクティヴの成立は、純粋に内発的なものではなく、外的自然と内的自然の共鳴とみなされる。その意味ではむしろ外部起源のものである。そもそも「他なるもの」との交渉がなければ、自己の観念も主観性の視点も生じえない。これは、先述の発達心理学的観点から明言できると同時に、主観（subject）というものを世界内属的な有機体とみなす立場からも言えることである。そうした世界内属的な有機体は、身体的行為において他者と世界を共有しつつ、生命を満喫している。その身体的行為は、各主体に「自然と生命的接触をしている」「自然を他者と共に生きている」という実感を付与する。これは同時に、筋肉骨格感覚や運動感覚や自由意志と結びついて、心身一如の実感をも引き起こす。

　言い古された「主観と客観の対立の乗り越え」は、以上のような有機体論的観点をとるとき、より説得的なものになる。自分の諸感覚が統一されているという意識、自分が自分の生を全うしているという実感といったものは、自発的呼吸と心臓の鼓動、あるいは空腹感や筋肉痛から切り離して考えることができない。つまり意識経験は常に身体的自然と隣接しているのである。夢の中でのはらはら感やいらいら感ですら身体的感覚を伴うことは、誰もが経験していることであろう。ホワイトヘッドも指摘するように、自然がもっぱら機械論的なものとして人間主観に対置されるのは、こうした有機体論的観点の欠如によるのである。その思考法は人間主観を全く非物理的なものとして理解する姿勢と表裏一体である。

　我々がこの世に生を受け、成長の中で意識を獲得し、それを随時変容させつつ、死を迎える。これは自然界の周期、とりわけ四季の移ろいに極めて親近的なものである。多くの文人や芸術家が素朴に表現した意識と自然の関係は、それを哲学的に厳密に分析して行けば、貴重な観点が得られるはずである[12]。我々は、あまりに心とか意識というものを、内面に括り込んでしまっている。プロのカメラマンがよく口にする「私は自分の心をいつも撮っているのだ」という言葉は、単なる感慨や比喩として軽視されてはならない。心とは毎年咲く土手の桜であり、意識とは夕日のあのすばらしい色彩なのである。それは主観の内部にある単なる表象像ではない。端的に外のあそこにある桜と夕日が心であり意識なのである。それは自然の生命性を表現している。そして同時に内的自然としての意識と有機的環境世界の一体二重性ないし相即性を象徴している。ノルウェーの天才画家ムンクが長年の内的葛藤の末に到達した自然との合一感は、巨大な太陽壁画に光の生命性として描き出された。それはすべての否定と対立を肯定と宥和へと止揚する弁証法的光のエネルギーを象徴しているのだ。

注

（1）Cf. G. Lakoff & M. Johnson, *Philosophy in the Flesh: The Embodied Mind and Its Challenge to Western Thought*, Basic Books, New York, 1999（計見一雄訳『肉中の哲学』哲学書房、二〇〇四年）

（2）Cf. G. H. Mead, *Mind, Self, and Society: from the Standpoint of a Social Behaviorist*, The University of Chicago Press, 1967（河村望訳『精神・自我・社会』人間の科学社、二〇〇二年）

（3）この点に関して以下を参照。D. J. Chalmers, *The Conscious Mind: In Search of a Fundamental Theory*, pp. 175f. K. R. Popper / J. C. Eccles, *The Self and Its Brain*, Routledge, London, 2003, p. 357

（4）メルロ＝ポンティ『眼と精神』滝浦静雄・木田元訳、みすず書房、一九九七年、九六—一九二ページ

（5）ワロンの発達心理学的身体論に関しては、『身体・自我・社会』浜田寿美男訳編、ミネルヴァ書房、二〇〇四年を参照されたい。

（6）メルロ＝ポンティ、前掲書、一五二ページ

（7）メルロ＝ポンティ、前掲書、一四〇ページ

（8）F・J・ヴァレラ『身体化された心』田中靖夫訳、工作舎、二〇〇一年、三六ページ

（9）Vgl. L. Wittgenstein, *Philosophische Untersuchungen*, Suhrkamp, 1980

（10）Cf. J. Dewey, *Experience and Nature*, Dover, New York, 1958, p. 284（河村望訳『経験と自然』人間の科学社、一九九七年、二八九ページ）

（11）J. Dewey, *op. cit.*, p. 278（邦訳、二八三ページ）

（12）たとえば以下を参照されたい。A. N. Whitehead, *Science and the Modern World*, pp. 75–94（邦訳、一〇一—一三一ページ）、J. Dewey, *op. cit.*, pp. 354–393（邦訳、三五三—三八九ページ）

第6章　哲学と脳科学

はじめに

前章では身体性に定位して意識経験と自然の関係を論じたが、本章では脳という際立った器官がもつ意味を考察しようと思う。というのは、身体性の分析だけでは意識経験と自然の関係の解明が不十分なままに終わってしまうからである。

脳は知覚と認知と思考と意識の座であることが広く承認されているにもかかわらず、意識経験の現象的側面の研究にうまく取り込めずにいる。身体性を重視する哲学者たちの中にも脳の話をもち出されると辟易する者が多い。なぜであろうか。それは、身体性ないし身体の場合、分析が現象論の次元で完結しやすいのに対して、脳が登場すると要素還元の問題がもち上がってくるからである。その場合、現象論的考察が破綻するかのような危惧が生じる。つまり、哲学で言う身体性は基本的に身体感覚ないし身体意識を中核とする現象を指しており、生理学的機能や解剖学的構造や分子生物学的組成といったものはたいてい括弧で括られているが、脳を取り上げると、生きられる感覚や現象的意識と結びつける要素を見つけにくいので、それを疎んじたくなるのである。しかし、それでは片手落ちである。

ところで、身体性を重視する哲学者に対して、脳を過度に重視する哲学者の一派も存在する。代表はチャーチランド夫妻で、二人の立場は消去的唯物論と呼ばれる還元主義の最右翼である。この立場も、或る意味では自然主義とみなされるが、要素還元の傾向が強すぎて、知覚主体全体が実現する有機体的性質が見逃されがちとなっている。また意識の主観的特質が平板化される傾向も否めない。とはいえ、ここからすぐに彼らを科学迎合主義とみなして、反科学主義的スタンスになだれ込むのも軽薄である。なぜなら彼らの脳還元主義ないし神経物理主義は、ライルの論理的行動主義やクワインにおける認識論の自然化や伝統的な心脳同一説を基盤としており、熟成した心身哲学上の一立場とみなされるからである。つまり彼らはあくまで哲学を遂行しているのである。しかし、それでもやはり片手落ちである。

問題は、脳が生きた意識の中核であるということを、現象論的哲学者を含めた万人に説得することである。少なくとも、脳の無視は意識の自然的本性からの逸脱であることを明示しなければならない。また哲学と脳科学が、決して相容れないものではなく、両者の対話と協力関係の樹立が、実り豊かな成果をもたらすことを民衆に知らしめなければならない。そして、その関係の考察は多角的視点からなされなければならない。また思想史的事実と現在の思想界の動向も視野に入れるべきである。さらには、事象的にも明証性と説得性を獲得しなければならない。つまり、脳の働きが実際に意識経験の自然的特質を形成する、ということを誰もが納得するような形で説明しなければならないのである。ただし、これは最終的課題なので、ここでは、それに至るための第一段階として、哲学と脳科学の接点について論じることにする。その際、脳のどういう性質が、その接点の解明に寄与するのかが、まず取り上げられなければならない。それから、それの含蓄を方法論の確立に向けて吟味すべきである。さらに、身体性を重視する思考法と脳を中核に据える立場の融合を企てつつ、意識経験と自然の関係をより深い次元で解明することを基礎づけなければならない。

1　カトリーヌ・マラブーの告発

哲学者の中には脳や脳科学に興味をもつ者とそうでない者がいる。前者の代表は現代アメリカの認知神経哲学者たちであり、後者は人文系の分野に考察を限定したがるタイプの哲学者に多く見られ、その代表は伝統的形而上学者や宗教哲学者である。現代アメリカの認知神経哲学者は心脳問題に専心しているので、脳に興味をもつのは当然である。彼らは過去の哲学文献を解釈することを重視せず、哲学的事象そのものとしての心身問題を考え抜こうとしているのだから、脳の実際の働きに関する脳科学のデータを参照するのは当たり前である。そして、その姿勢には敬服すべきである。しかし彼らの仕事は、保守的な人文系の哲学者から異端視されやすく、一部の賛同者を得られるにとどまる傾向がある。換言すれば、彼らは、我が道を行くのみで、彼らにとっての哲学上の「他者」たる人文系哲学者に対して、自分たちの正当性を説得する姿勢が希薄なのである。それに対して、最近、伝統的な人文系哲学の殻を内側から破りつつ脳と脳科学の重要性を指摘する哲学者がフランスに現れた。パリ第一〇大学の女性哲学者カトリーヌ・マラブーである。彼女はジャック・デリダの弟子で、ヘーゲル（ならびにハイデガー）の研究から出発した人であるが、ヘーゲルの思想に垣間見られる「可塑性」の概念を神経科学で言う脳の可塑性と照合し、そこから翻って、哲学者たちに脳と脳科学の重要性を認めさせようとしている(1)。

「可塑性」は、次節で詳しく説明するように、脳の神経回路の自己組織性の柔軟で融通の利く性質を指している。多くの二元論者が脳と心を分離したがるのは、脳のこの性質が理解できないか、それをシリアスに受け取れないかによっている。つまり彼らにとって、脳は物理的機械であり、自由と精神性という心の特性とは隔絶した、単なる物質の塊なのである。これは日本語の日常語「脳みそ」に象徴される。「脳みそ」とは脳の複雑な神経回路と情報処理の過程を無視した、幼稚な物体的把握を示す言葉である。

マラブーの告発書のタイトル『わたしたちの脳をどうするか』は、そのまま彼女の問いかけの核心を示唆している。つまり、可塑性を帯びた脳をどのように哲学的思考に取り組むかということ、換言すれば、脳を無視したり排除したりする思考傾向をいかに変革すべきかが問題だと彼女は言いたいのである。そこで必然的に、知識の獲得ではなく、意識の変革が問題だということになる。すなわち、ただ漠然と脳科学書を読み、「こんなものか」と納得するような仕方で、哲学研究の傍らに教養としての脳の知識を得るというだけでは駄目で、自らの思考法を根本的に変革するような心がけで脳の可塑性のもつ哲学的意味を看取せよ、と彼女は言いたいのである。そして、これは哲学者に対してだけではなく、精神分析家を中心とした人文系の科学者、さらには万人に向けて発せられるべき忠告であると彼女は考えている。また同時に、自然科学者に見られる頑な還元主義に対しても警告が発せられる。肝心なのは、ここでもやはり中道を行くことなのである。

マラブーによれば、哲学者が神経生物学を怖れるのは、それが骨相学のように思考をモデル化し、メカニズムに還元してしまうと考えるからである。これはまた、ラカン派の精神分析学者が脳損傷に興味をもたないことと同類であるとみなされる。彼らの思考の特徴は、人間性や心の働きというものを、一見冷たい機械のように思われる脳から切り離して理解したがる傾向にある。彼らの思考は「すっかり遺伝的に決定されている脳の〈硬直性〉」という観念に支配されている。(2)「可塑性」の理解とは、まさにこの思考法を根本から覆すもので、脳が人間性や心の繊細な性質とは無縁でないということの看取を意味するのである。その際ヘーゲルの影響の下、彼女は社会的次元を顧慮する。彼女によると、脳と社会は共にその自己組織性において可塑性、すなわちしなやかで柔軟な可変的性質をもつ。ここから「自由」の問題も再考される。自由の問題は、還元主義と反還元主義の二者択一から解放された

「脳の弁証法的把握」によって捉え返されなければならないのである。(3)

マラブーは生物学的精神医学にも興味を示して、哲学者や精神分析家が嫌う精神薬理学の重要性を再認識させようとしているが、同時に精神疾患の社会的側面、たとえば企業がうつ病を引き起こす過程なども分析の対象として推奨している。いずれにしても、脳の働きと社会の機構は表裏一体の関係にある、というふうに理解されている。これは筆者の考えと重なるところが多いし、(4)彼女と同じくヘーゲルの影響を受けたミードの思想とも類似している。

彼女の脳科学の習得レベルは、パトリシア・チャーチランドを頂点とするアメリカの神経哲学者には到底及ばないであろう。しかし彼女には、より深い問題意識があり、脳の重要性を万人に知らしめる可能性を秘めている。とりわけ、軽薄に「唯脳論では駄目だ」と高をくくっている者への批判力は抜群だと思う。しかも、それだけではない。彼女には弁証法的思考という強力な武器がある。これは、ヘーゲルが既に見本を示していたように、主観と客観の対立を乗り越えつつ、精神と自然、心と物質の一体二重性を把握するための最強の基盤を準備するのである。そこで必然的に還元主義と反還元主義の対立は超克されることになる。彼女は言っている。「単に実証主義的な理論に対しては、あらゆる自然的対象はカテゴリーによる記述を必要とすると反論し、形而上学的テーゼに対しては、思考はそれを可能にするニューロンのメカニズムなくしては何物でもないと反論しなければならない(5)」。

このように両方に対して反論するという姿勢が、多くの人には理解できないのである。多くの人は、どちらかに加担して辻褄を合わせたがるものである。しかし心脳問題を解くためには、それでは駄目で、弁証法的思考を必要とするのである。マラブーの思想は、その重要性を指摘するという点で傑出している。それはフランス心身哲学の流れの観点から言うと、メルロ＝ポンティの両義性の思想を一歩前進させたものである。

2　可塑性の意義

生物の脳は神経系の進化の過程の中で生まれた。神経系は感覚的情報入力とその伝達を請け負っているが、生命体内部の情報処理量が増えると情報の集約点が生じ始める。さらにそれらが凝集すると中枢神経系となる。中枢神経系は脳と脊髄からなるが、進化の度合いに応じて両者の占める割合、ならびに形態と組成が違ってくる。霊長類は、猿人（アウストラロピテクス）とホモ・ハビリスという過渡期を経て、ホモ・エレクトスからホモ・サピエンスへと進化する際に高度のコミュニケーション機能、つまり言語を獲得した。これには四足歩行から二足歩行への進化が大きく関与している。なぜならそれは、知覚と思考に密着する感覚器官が集中する頭部の対他的（仲間と対面するときの）位置を適正化したからである。さらに手の使用の飛躍的向上がそれに付け加わる。これは後に文字記号の使用によるコミュニケーションと情報の保存を生み出すことになる。

ところで生物の脳はニューロン（神経細胞）、グリア細胞、血管、その他の支持組織からなっている。ニューロンが他の細胞と違うところは、それが高度の情報伝達のための線維（出力のための軸索と入力のための樹状突起）をもっていることである。このニューロンはヒトの場合、脳全体で約一〇〇〇億個であるが、そのうちの一四〇億個が思考と意識の中枢たる大脳皮質にある。ニューロンはその情報伝達線維を介して他のニューロンと複雑な回路を形成している。出力線維・軸索と樹状突起（ならびにニューロン本体の入力部）の出会うところには極微の間隙（シナプス）がある。このシナプスにおいて軸索を伝わってきた電気信号が、種々の神経伝達物質による化学信号へとバトンタッチし、さらにそれが入力部の受容体から再び電気信号に変わって伝達が進められて行く。

これは、一つのニューロンともう一つのニューロンの関係から見た信号伝達のモデルであり、かなり単純化されている。実際には、一対一の伝達関係というものはなく、数百対数百、数千対数千、数万対数万という大規模なネットワークが脳の神経システム内部で実現している。しかも、そうしたネットワークの単位が複数形成されることになり、それらの間での情報のやり取りも頻繁になされている。ニューロン・ネットワークの単位はまた神経モジュールとか認知モジュールとも呼ばれる。それら個々のモジュール（機能単位）＝サブシステムが相互作用しつつ、より高次の機能をもったシステムが形成される。たとえば視覚システム、記憶システム、体感システム、コミュニケーション・システムといったサブシステムが連合することによって意識システムないし自我システムという高次のものを創発せしめるのである。

脳の神経「可塑性（plasticity）」というのは、基本的にニューロン・ネットワークにおけるシナプス形成の可変性を意味する。この可変性には、シナプス結合の強度・持続性が強く関わるが、それだけではない。神経線維は刺激への反応を介して、あるいは情報処理の都合上、随時成長し伸び広がるのである。つまり軸策の伸張とその末端部における枝分かれ（これを発芽と言う）が実際に脳内で頻繁に起こっている。たとえば新しいことを経験したり学習したりするとこれが起こる。また記憶作用にも付随する。(6)

このことを知っている人は一体全人口の何割であろうか。多くの人は、脳を一つの物塊として、あまりに大まかに捉えすぎている。神経細胞とその回路から脳の神経システムが形成されているらしい、と漠然と理解している人たちは少しましな部類に入るが、彼らの多くはやはり可塑性という現象を知らないかそれをしっかり把握していない。次に可塑性の内実を知っているけれども、その意義を見逃している人がたくさんいる。彼らの意識を集約的に表現すると、次のようになる。

「なるほど脳の神経回路はコンピュータの電子回路と違って配線が自動的に変わるというんだね。しかもそれは精神現象に必ず付随するということも認めよう。だから、どう、し、た、と、い、う、ん、だ。私が自分独自の仕方で感じる自分の心は、そうした説明をいくら突きつけられても、あるいはそうした現象が事実だとしても、やはりそうした生理学レベルの説明では及びもつかないじゃないか。私の心は電気パルスや化学物質や回路の自動的編成とは全く無縁の、あの現象的性質をもっているではないか」。

マラブーが是非とも打ち砕きたいのは、この発言中の「だからどうしたというんだ」という口調に象徴される頑固一徹な思考姿勢である。つまり彼女は、この思考姿勢を軌道修正することによって意識の変革を実現したいのである。その際、脳が生きられる器官であり、世界と一体のものであることに注意が促される。ただし、この点に関する彼女の説明はそれほど立ち入ったものではないので、我々の方で敷衍しなければならない。

「脳」は単語で言い表されると、他の身体諸器官や環境的要因や他者の脳から切り離されて、一つの独立実体として理解される傾向がある。認知主義における脳のコンピュータ・モデルは、この傾向を象徴する代表例である。また「桶の中の脳」という哲学的思考実験は、この傾向を風刺したものである。つまり、生命を維持する水で満たされた桶の中で人工的に保存されている脳は、それが特殊な配線による外界からの情報入力を得るならば、果たして現実の身体を備えた脳と同様の心的機能を発揮できるかどうかを問いかけることによって唯脳論（脳の単独実体化）を批判しようとしているのである。

現実の脳は中枢神経系として脊髄から切り離して理解することはできない。そして、脊髄と連結しているということは、身体全体と密接な関係をもっているということである。それは末梢神経系と中枢神経系の連携プレーとして言い表すこともできる。ここで注意すべきなのは、「脳」よりも「中枢神経系」の方がこの間の事情を表示しやすいということである。つまり「脳（brain）」よりも中枢「神経系（nervous system）」の方が、他との連携、ならびにその中での機能的側面を表現しやすい。すなわち、中枢神経系としての脳は独立実体ではなく一つのシステムであり、それは他のシステムと複雑な相互作用をしつつ心的機能の統合を実現している、という含意をもたせやすいのである。

　脳の中でも脊髄に近い脳幹部は無意識的生命に支配されており、脊髄と共に心というものの無意識的生命の側面を積極的に表示する特性をもっている。それは同時に心と身体の不可分性も示唆する。換言すれば、心を意識に限定する傾向に歯止めをかけ、無意識と身体へと裾野を広げさせることを人々に理解させる可能性を秘めているのである。

　ここで再び意識と身体的自然の関係が際立ってきたが、これに脳の可塑性はどのように関係するだろうか。それは、身体のシステム（これは有機体 organism と一言で言い表せる）が実現する生命活動の一環として理解されるとき、件の関係の中核的融合要件となる。つまり、脳の神経回路が柔軟な可変的編成機能をもつということは、意識のしなやかで繊細で自由な性質が身体的自然に密着し、それと表裏一体のものであることを理解せしめる貴重な糸口となるのである。ちなみに意識の可変性と脳の可塑性のどちらも情報入力による自己組織化現象とみなされる。このことは、生物がＤＮＡを中心とした遺伝システムに蓄えられた情報によって形成される物質システムである、ということに深く関係する。つまり生物は情報が形をとって現れた物質的システムなのである。これをアリストテレス的に表現すると、遺伝情報という形相が身体ないし有機体の物質的組成と生理学的機能という質料的側面に秩序を付与している、となる。しかるに高等哺乳類、とりわけ人間の場合、この秩序は生命性を超えて心的機能の発現を実現せしめる。情報は、チャルマーズも言うように精神と物質の接合原理なのである。しかし彼には身体性を介した意識と世界の関係把握が欠如している。また社会的次元や生命性が顧慮されていない。この点を踏まえて、また可塑性の心身哲学的意義をより深く捉えるためにも、次に意識と脳と世界の関係を考察することにしよう。

3　意識・脳・世界

意識（c）と脳（b）と世界（w）の関係を解明するためには複合的考察が必要となる。つまりc―w、c―b、b―wという三つの二項関係を個別に考察し、それからc―b―wという三項の大局的関係の見取り図を得なければならないのである。そこでまずc―w関係から考察することにしよう。

(1) 意識と世界

意識の内容は常に外の世界の様相を映し出している。たとえば、明日の天気を予想するときの意識内容は、晴れか曇りか雨の表象を伴っている。また自分自身を意識する際にも他者の観点という外界の要素が不可欠の仲介役を果たす。純粋の自己表象というのは、ありそうでないのである。それがあると思うのは、意識の辺縁から薄暗く伸び広がる無意識的背景に無頓着だからである。「私」は意識の極にあたるが、それは集約点にすぎず、無意識的背景によって包まれている。自覚ないし自己への関心の集中といえども、この無意識的背景とは無縁ではない。そしてこの無意識的背景は世界と相即しているのである。

意識に最も密着する感覚要素は視覚であるが、視覚は視覚対象の見えない側面によって包まれている。たとえば目の前の机には見えない面があるし、自分の背中や後方の風景は常に見えていない。しかし意識は、この見えない面をも取り込んでいる。意識は単に思考や認知に伴う内面的現象ではない。それは行為というものから切り離せないのである。そして行為は常に環境世界の「他なるもの」＝「自己ならざるもの」へと脱自的に関わっている。つまり、意識は行為を介して内面圏をはみ出し、環境世界へと認知の網を投げ渡しているのである。そして、これを反省的次元で表現すると、意識が無意識的背景によって包まれているということになる。

行為は身体の運動を常に伴う。椅子に座って机に向かいつつ執筆するという行為に関してさえも、身体を介した世界への関わりは無視できない。その際、瞑想に移行したとしても事態は変わらない。座って脊柱を垂直方向に保つということは、重力に逆らう意識的身体行為を示し、それが思考作用を維持させるからである。しかし瞑想（meditation）に移行すると、いつの間にか自己が外界から切り離され、身体性も忘却されつつ内面界に沈潜して行く。そして意識が、無意識的・行為的背景たる世界から切り離されて、独我論的となってしまう。しかも、それが非物理的なものであるという独断的定義をおまけにしつつ。

意識の真正な把握が、このような無世界的で独我論的なものであってはならないのは明白である。まず、それが感覚諸要素から決して切り離せない、ということを承認すべきである。視覚のみならず触覚、嗅覚、聴覚、味覚、身体感覚、運動感覚等のすべての感覚は、意識の重要な下部構造である。「私は他ならぬ〈この私〉である」という切実な自覚ですら一つの感覚、つまり自我感覚である。そしてそれは生命感覚というものと密着している。これらは感覚の中でもより高次の階層に属し、低層の感覚諸要素の相互作用から創発する現象とみなされる。それゆえ普通、感覚ではなく精神的現象とみなされるのである。また、感覚から切り離されるということが世界から分離されることにつながる。

ところで、感覚諸要素を統合して行為を導くのは身体的意識である、と断言できる。そしてこの身体的意識は、メルロ＝ポンティが言う意味で、世界内属的である。意識のもつ表象作用は、一見意識と世界が分離しつつ対置されているかの印象を与えるが、それは誤解である。表象は、常に行為の後に起こる事後的現象である。換言すれば、意識的表象作用は、世界という無意識的背景によって初めて際立たされうる小世界（ミクロコスモス）なのである。

意識と世界の関係は、有機体と環境の関係に置き換えて理解してもよい。たとえばデューイやミードは、人間を基本的に環境に関わる有機体として捉え、内面的意識を社会的行動に向けて解体しようとする。特にミードはそうである。彼は社会的行動主義という立場をとるが、それはワトソンの行動主義と違い、行動に内面性を認めようとするものである。[7]

ワトソンの行動主義によると、通常我々が心と呼んでいるものは、実は外から観察される行動に他ならない。そして行動というものは、環境からの刺激に対する反応、つまり情報入力に対する行動出力である。この入力と出力の間には何もない。そこはブラックボックスだ、とワトソンは考えた。こうして内面的意識ないし内的認知過程は消去されてしまったが、同時に中枢神経系の働きも等閑視される破目になった。それに対してミードは中枢神経系の自己組織化が内面性を形成することを認める。しかるに、彼によれば中枢神経系の自己組織化は社会的環境世界の自己組織化と相即している。つまり、脳の神経結合の様式は、社会的環境世界の構造様式や意味連関を反映したものとなるのである。この相即ないし反映関係においては、関係項のどちらが先かということは重要ではない。そこには円環的で循環的な相互影響があるのだ。[8]

こうして意識と世界は、その自己組織化運動において相互に内容を反映し合う、相補的現象である。しかもそこには中枢神経系が重要な要素として介入している。そこで次に意識と脳の関係を考察することにしよう。

(2) 意識と脳

意識と脳の関係を論じるには様々な仕方がある。代表的なのは、意識の発生に責任のある脳部位はどこかという大脳生理学的研究である。この研究のためには複合的研究が必要となる。つまり意識は、聴覚や視覚や痛みや時間感覚のように単純なシステムではないので、下位システムの複合ないし相互作用の見取り図をまず製作し、それぞれの下位システムに責任ある脳部位を確定し、さらにそれらの神経モジュール間の連合の様式を解明しなければならないのである。これによって、創発的システムとしての意識の脳内神経相関項が解明されたことになる。これは形而上学的な心身相関の解明に比べればまだ簡単な課題であるが、認知神経科学の現状ではまだ大まかな見取り図しかできていない。認知心理学的に言うと、意識には覚醒（arousal）、気づき（awareness）、自己意識（self-consciousness）という三階層があるが、気づきまでの神経相関項の解明がなされているという段階である。[9]

覚醒と気づきは自己意識の下部構造であり、個人の特殊な主観性に直接関与しないので、大脳の神経地図に位置づけやすいが、自己意識には個人のパースペクティヴが含まれ、神経生理学的研究の枠をはみ出やすい。しかしそれとても、ミードが指摘するように、社会的環境の自己組織性とは無縁ではないのである。そこで自己意識と脳の関係の解明に哲学が寄与できるとしたら、それは次のようなことになる。つまり個人の主観性と社会的環境の情報的構造の間に見られる相互反映性を見破り、そこから脳の情報システムのうちに自己意識の創発基盤を見出す途を神経科学者たちに提案することである。そしてこのことに前述の可塑性が関わってくる。

意識は、周知のように経験や学習を通じて自由にその内容や視角を変化させうる自律的システムである。このことを疑う人はほとんどいないであろう。また脳も、経験や学習を通して可塑的に神経結合を編成する自己組織システムである。つまりどちらも生きているのであり、その相似性はまるで双子の兄弟のようである。しかし二元論的スタンスの強い人たちは、意識と脳の相似性を決して認めようとしない。彼らは両者のギャップにばかり目が行って、それに囚われる。マラブーが可塑性の重要性を喧伝するのも、こうした頑固な思考姿勢に反省を促すためである。

可塑性はまた自己組織性という生命の特質を備えた現象である。中枢神経系が情報（経験や学習）によって自己組織化が促されるということは、それが一つの生命システムであることを示している。それに心が備わっていると言っても、決してカテゴリー・ミステイクを犯したことにはならない。むしろ意識の生命性と中枢神経系の生命性の接点を積極的に見出す方向に進んだ方がよい。可塑性は、意識と社会の入れ子構造（ＣＳ）、ならびに脳と環境の情報的相即性（ＢＥ）を同時に示し、それゆえＣＳとＢＥが裏表関係にあることを示唆している。意識と脳を分離したがるのは、基本的には、意識のもつ主観的パースペクティヴを誤って「非物理的なもの」とみなしてしまうからである。主観的視角は、個別的なものではあっても、非物理的なものではない。それは、ちょうど九十九里浜の全砂粒のうちの「他ならぬ、今このときの一粒」が非物理的なものではないのと同様である。

我々は意識と脳の関係を考えるにあたって、是非ともミードの視点を取り入れるべきである。そこからマラブーの可塑性の重視の意味も新たに照射されるであろうし、何よりも意識と脳の関係という伝統的な心身問題の強力な解明基盤が得られるからである。しかもそれだけではない。そうした視点は、認知神経科学における意識の神経相関項の実証的な探求にも必ず役立つのである。

(3) 脳と世界

脳は環境世界から常に情報入力を受けている。そして身体的行為を介して環境世界に関わっている。つまり中枢神経系として身体を制御しつつ行動出力を環境世界に投げかけているのである。可塑性はこうした脳の世界内存在様式を反映する現象である。

情報入力の少ない環境に置かれた有機体の脳は神経回路の可塑的編成が芳しくないが、豊かな情報環境で生活する有機体の脳は神経結合の多様性が飛躍的に高まる。なぜなら有機体の脳は、環境世界へと関わることを本性とする器官であり、世界の情報的構造を自らの情報システムの構築に流用するようになっているからである。さらに、そこから環境世界のあり方を能動的に変革して行く。

意識、自我、記憶、経験、知覚、思考、学習といった心的現象はすべて脳と世界の相互往還的作用関係を顧慮して理解されるべきである。また脳は、身体全体から切り離して認知主義的に理解されてはならず、世界内属的な生きられる身体の情報制御的中枢として捉えられるべきである。環境へと関わる身体の運動は脳の神経可塑性と不可分に結びついているからである。

(4) 意識・脳・世界

以上の考察を踏まえて、意識・脳・世界三者の大局的関係を示してみよう。意識は、内面圏で自己完結する独我論的現象ではなく、身体的行為を介して世界へと脱自的に関わっている。そして脳は、世界へと関わる身体的行為のための一器官とみなされなければならない。そのようなものとして、脳は有機体の志向性の器官である。通常意識や心に帰せられる志向性という機能は、実は脳という情報制御の中枢器官のもつ生物学的本性なのである。

志向性を包囲しつつ、有機体に意味連関を投げ返す世界という現象は、意識に可塑的な自律性を付与する。自然的環境にしろ社会的環境にしろ環境世界は意識の構成に深く関与する。つまりそれは、無意識的背景ないし辺縁として、意識という図を浮き上がらせる地なのである。そしてこの地はそれ自体が構成と構造をもっており、その存在は意識による主観的構成作業に先立っている。もちろん、身体的行為を伴った意識が環境世界を変革し再構成するということは頻繁になされているが、やはりそれに先立つ構成と構造が世界にはある。また、この世界の構成と構造は、意味連関というものを形成している。換言すれば、世界には情報構造というものが備わっているのである。これが分かりにくければ、社会の情報システムを思い浮かべればよい。それが個人の意識に影響を及ぼすのは誰もが認めることであろう。ただし、この世界の情報構造ないし社会の情報システムというものも、人間の意識から全く独立自存する客観と考えてはならない。それは、社会的―コミュニケーション的存在たる人間の集団的志向性に依拠する部分をかなり含んでいるのである。この際、個人の意識作用ではなく、複数の有機体の意識の相互作用が形成する集団的志向性という要素に着目すべきである。意識を世界や物理的プロセスから切り離す独我論的視点は、この要素に無頓着であることから発生する虚構にすぎない。

以上のような、意識と世界の間に見られる相互浸透性は、そのまま脳と世界の関係に適用できる。高度な中枢神経系としての人間（ホモ・サピエンス）の脳は、生物進化の過程の中で獲得された「環境世界への関わり方の上達」を象徴している。それは特に言語機能と社会的情報システムの構築能力に表れている。そして、この機能や能力は脳が可塑性を帯びた情報処理器官であることに依拠している。意識も脳も情報システムである。それらはもともと一体のものであるが、心的側面に着目すると意識として現れ、生理学的側面に注目すると脳ないし神経系として認知されるだけなのである。両者の一体性を理解させるのは、世界へと関わる身体的行為としての「生きられる身体性」である。

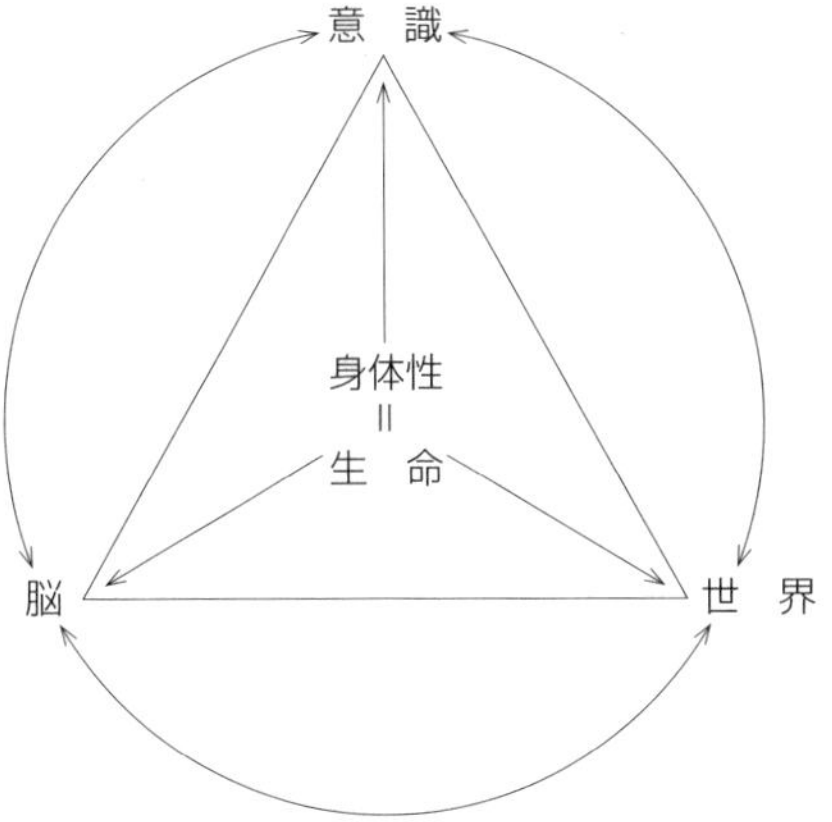

図6－1　心身問題的三位一体構造

マラブーの可塑性の捉え方には、この身体性の視点が欠けている。意識・脳・世界三者の一体性（心身問題的三位一体）を理解するためには、可塑性を生きられる身体を媒介として再考察する必要があるのだ。

4　哲学と脳科学

哲学は人間存在の本質と科学の基礎を問う学問である。人間存在の本質を解明するためには、どうしても心と身体の関係を俎上に載せなければならない。人間における心と身体の関係を問う分野は心身問題と呼ばれ、古来哲学の中核に位置してきた。そして前世紀の後半からこの問題は脳と心の関係に収斂し、心脳問題と改名されることになった。この背景には脳科学の急速な進歩と意識科学の誕生がある。これによって、従来タブーとされてきた意識の自然科学的研究が可能となり、科学が哲学的事象に関わるようになった。この傾向を還元主義の暴挙とみなして、哲学ないし人文科学から排除しようとするのは、マラブーが言うようにナンセンスである。哲学と脳科学は対話し弁証法的関係を築かなければならない。弁証法（Dialektik）の語源たるギリシャ語のディアレクティケーとはもともと「対話」を意味するのは周知のことであろう。

哲学は科学（専門領域に分化した知の体系）と違って、全体を見通し、その見取り図を描く力において秀でている。つまり哲学は、知識ならびに存在の個別的諸領域を統制する原理の解明を得意とするのである。これを最初に成し遂げたのは、ギリシャ哲学の集大成者アリストテレスである。その後数人の哲学者が彼に匹敵する業績を遺したが、後年になるにしたがって全体を見通す力が弱くなってきている。これは、個別科学の細分化と専門性の深まりによる。

現在の状況では一人の体系的哲学者が、個別科学の全体を見通し、知と存在の原理を解明することは、ほとんど不可能である。しかし落胆するには及ばない。たった二つの科学分野を統制することですら、巨大な見取り図の完成の基盤となり、根源知と真実在の解明に至る第一歩を確保してくれるのである。たとえばジェームズが構想した心理学と生理学の統一はその模範例である。またラッセルが提唱した物理学と心理学を統制する上位科学の理念も示唆的である。そして二〇世紀においては誰よりもホワイトヘッドが、知と存在の全体像の開示に寄与している。その有機体の思想は、多方面に応用可能であるが、根源的自然に定位しつつ物理的領域と心的領域を統制しようとする姿勢は、心脳問題の解決に貴重なヒントを与えてくれる。こうした先哲の姿勢を現代の心脳問題の場に直接生かしているのはサールである。彼は意識を科学的に研究するための方法論の彫琢に情熱を燃やしている。先述のように、彼にとって哲学は個別科学と並ぶ一つの学問分野ではなく、科学の番人なのである。ちなみに彼の言葉を待たずとも、哲学は古来メタサイエンスであり、統一科学という意味でのメタフィジックスであった。

哲学には、このように知の諸分野をシステム論的に統制するという機能があるが、その科学への寄与はこれに尽きるものではない。哲学には人間存在論としての面目があり、単に理論的ではない分野に関わる側面がある。つまり実践の領域に関わり、そこで織り成される生の体験をありのままに捉えるという機能が哲学にはあるのだ。これは臨床的諸領域で力を発揮する。

臨床的領域の代表は、言うまでもなく臨床医学の諸分野である。しかしそれだけではない。心理学や教育学や社会学もそれに属しうる性質を多々もっている。哲学者が理論知と実践知（ないし臨床の知）の統合を期してこうした学問に関わった例としては、ジェームズとデューイとミードという三人のプラグマティストを挙げることができる。彼らは、伝統や権威に囚われず、目の前の現実を直視する姿勢を信条として、社会や人間の本質を解明しようとした。プラグマティズムとは、実用性と具体性を重んじる実践優位の哲学である。[10]

プラグマティズムの原理からすると、哲学と科学は必要に応じて随時融合されるべき知の両極である。両者は夫婦のようにお互いの不備を補い合い、それぞれの長所を生かし合って事象そのものの探究に励まなければならない。デューイが関わった教育学ないし教育の現場では、実証的心理学や生理学の知識が非常に役立つし、最近では遺伝生物学や認知脳科学の知見も応用され始めている。また、この領域に精神医学や心身医学が寄与してきたことは周知のことであろう。特に障害児教育においてそれは際立っているが、心身共に波乱に満ちた成長期にある健常児全般にも、その知見は貢献度が高い。

ところで教育においては身体性というものが非常に重要な契機となるが、臨床医学の中にもこれを重視する分野がある。それはリハビリテーション医学である。卒中や事故によって損傷を被った脳の機能を回復させようとする、この臨床医学の一分野は、最近患者の主体的意識と生きられる身体性に着目し、それを治療の現場に生かそうとしている。特に認知運動療法を推進しているグループにこの傾向が顕著である[11]。このグループは、患者の主体的意識が脳の神経可塑性と表裏一体の関係にあること、ならびにその関係の収斂点が「世界内属的な生きられる身体」であることをきちんと理解している。これはメルロ＝ポンティの現象学的身体論と今日の神経哲学の意識論を融合する哲学的観点を示唆しているが、同時に哲学の科学への応用の模範例ともなっている。

科学、とりわけ自然科学は、基本的に要素還元主義的である。ところが人間に関わる分野では、この方法が功を奏しないことが多い。そこで哲学の柔軟な思考法をシステム論的方法で武装しつつ科学に応用する必要性が出てくる。そしてそれは同時に、哲学に新たな思考の題材をフィードバックすることになるのである。最近興隆してきた意識科学の領域では、脳科学の陣営と哲学の陣営双方が、お互いの知見に興味を示しつつ議論を進めている。実は、この傾向は一一〇年前にジェームズが予見していたものである。彼は、意識の究極的本性の解明をめぐる自然科学と形而上学の緊張関係に触れつつ、次のように述べている。「一定の脳の状態に一定の sciousness（識）が対応しているときに、何か確実なものが起こる。その本質の真相を窺うことこそ真の科学的業績であって、その前には過去のすべての業績は顔色を失うであろう[12]」。

主観的意識と脳の物理的プロセスの関係を解明することは、科学の究極の課題であると同時に人類最高の知的発見である。それは哲学的心身問題に最終的解答が与えられることにもつながるのである。とすれば、ここで哲学と脳科学の間に断絶の柵を設けたところで何の益もないのである。一つの科学的成果は、また新たな形而上学的謎を提出し、科学的研究を哲学的に深めて行く。そうした動向は哲学者にも刺激を与えて、事象そのものへ迫る姿勢を練磨してくれる。

しかし哲学には究極的真実在に迫るという課題が控えている。これは科学全領域の成果を踏まえつつ、それらを存在と知の原理へと統率して行く道なのだが、個別的領域を離れた理念の探究に終始するものであってはならない。理念は、プラトンが考えるように個物を離れて自存しているのではなく、アリストテレスが主張するように個物に内在するものなのである。また、脳と意識の関係を考える際には、心理的領域と生理的領域の対立を超えて、より基底的な存在の階層に属す「情報」や「自然の秩序」を参照しなければならない。その際にも、個物と普遍の関係を弁証法的に捉えるメタサイエンスとしての形而上学の役割は大きいのである。

注

（1）カトリーヌ・マラブー『わたしたちの脳をどうするか』桑田光平・益田文一朗訳、春秋社、二〇〇五年

（2）カトリーヌ・マラブー、前掲書、九ページ

（3）カトリーヌ・マラブー、前掲書、一三九ページを参照。

（4）拙著『脳と精神の哲学——心身問題のアクチュアリティー——』萌書房、二〇〇一年、『意識の神経哲学』萌書房、二〇〇四年を参照。

（5）カトリーヌ・マラブー、前掲書、一八三ページ

（6）神経可塑性についての基本的知識を得たい人には次の文献を薦める。塚原仲晃『脳の可塑性と記憶』紀伊國屋書店、一九八九年。M. Spitzer, *Geist im Netz: Modelle für Lernen, Denken und Handeln*, Spektrum, Heidelberg, 2000（村井俊哉・山岸洋訳『回路網のなかの精神』新曜社、二〇〇一年）

（7）G. H. Mead, *Mind, Self and Society: from the Standpoint of a Social Behaviorist*（河村望訳『精神・自我・社会』）

（8）ミードは次のように明言している。「人間個人の自我の構造と内容を構成している社会的態度の組織化は、個人の中枢神経系の中の神経諸要素ならびにその相互作用の組織化と、個人がそれに属する社会的ないし集団的行為の一般的に秩序づけられた型との双方によってもたらされる」（G. H. Mead, *op. cit.*, p. 238. 邦訳、二九一ページ）。彼は基本的に社会的行動が意識に先立つと考える。そしてこの考え方は「意味」という現象の理解にも適用される。そこで「意味」というものを内的観念として捉える姿勢は徹底的に批判される。彼によれば「意味」は社会的活動の中で発生する客観的関係の組織化なのである（Cf. *op. cit.*）。

(9) 苧阪直行編『脳と意識』朝倉書店、一九九八年を参照。

(10) W・ジェームズ『プラグマティズム』桝田啓三郎訳、岩波文庫、二〇〇四年、J・デューイ『哲学の改造』清水幾太郎・清水禮子訳、岩波文庫、二〇〇四年を参照。なおプラグマティズム全体の概観を得るためには、魚津郁夫『現代アメリカ思想』日本放送出版協会、二〇〇二年が便利である。

(11) たとえば、宮本省三『リハビリテーション・ルネサンス』春秋社、二〇〇六年、塚本芳久『運動の生物学(3):意識へと向かう臨床のビジョン』共同医書出版社、二〇〇四年を参照。

(12) W. James, *Psychology: The Briefer Course*, Dover, New York, 2001, p. 335(今田寛訳『心理学』下巻、三二九ページ).ここでジェームズが使っている sciousness というのは、「内的感じによって確実に感知された意識状態」ではなく、そうした意識状態の存在を示唆する身体的事実(たとえば額や頭や喉や鼻から来る印象)のことである。その意味で、「意識の真のエージェント」を示唆するための仮説的項目とみなされるのである(Cf. *op. cit.*, p. 334. 邦訳、三二七ページ以下)。しかし、こうした仮説的項目と意識の真の本性は決して隔絶したものではないであろう。真のエージェントはあくまで、内面的なものではなく、社会的自我なのだから。ミードやデューイがそう考えるように。

第Ⅲ部

自我と生命

第7章　自己存在への関心

はじめに

ドイツ語で「意識」のことをBewußtseinと言うが、これを直訳すると「自覚態存在」となる。つまりBewußt-seinという単語は、「意識」という現象が「自己存在への関心」を示唆することを含意しているのである。このことは心的現象が人間存在に深く関与することを我々に改めて考えさせてくれる。すなわち「私が自分の心的機能を自覚している」ということが、この世界における「私が在るということ」と表裏一体の関係にあるということの意味を再考させるきっかけを我々に与えるのである。

言語的詮索を離れても、意識と存在の表裏一体性は厳然たる事実として我々に迫ってくる。「私はこれこれのことを考える」という意識内容は、ただ漠然と雑多な感覚素材を知覚に取りまとめる認知機能とは区別されて、「私」という一人称の主体を浮き上がらせる。そしてその「私」は、確かに今ここに存在している「この私」である。このように意識は存在に根差し、存在は意識に反映される。自我とか自己というのは、こうした意識と存在の相互反映の中継点にあたる。換言すれば、それは意識と存在を接合する蝶番である。

ところで、自我は誕生と死の間にはさまれた生命的存在である。この「生まれて死ぬ」という原事実は我々の自覚態存在（意識）の見えざる背景として常に機能している。「存在している」ということは「生きている」ということでもあるのだ。しかも、ただ生きているだけではない。「やがて死すべきものとして〈生きている〉」のである。

しかし我々は、いつも自分の身を案じているわけではない。社会的存在として他者に関わっているのである。たとえば目の前に瀕死の重傷を負った他人がいたとしよう。我々は彼を必死で救おうとする。そのとき、我々のうちにある「やがて死すべきものとして〈生きている〉」という意識は様相を新たにする。つまり意識は、小さな〈私〉の殻を破って「大いなる生命の場」へと延び広がるのである。

大いなる我とは言い古されたことであるが、精神の非物質性や公共性に還元されない感覚の私秘性にばかり注目して、自然主義の奥深さを全く理解しない一部の人々を更生させるためにも、改めてその意味を考えてみなければならない。そこで本章での考察は一風変わったものとなるであろう。つまり我々は、自己存在への関心というものを近代的自我のせせこましい主観性から解き放って、社会と自然のもつ公共性へと融解しようとするのである。そこから自己存在への関心の本性、ならびに「個であるという感覚」の起源を逆説的に照らし出そうと思う。これによって自己存在への関心の意義はいささかも毀損されない。それは、身体的自然に根差した新たな生命を獲得し、改めて世界に対して開かれたものとなるのである。

なお本章での考察は、次章「自我と生命」のためのプレリュードにあたることを付記しておく。

1　私が存在しているという事実と意識

我々は幼児期、少年期を経て思春期後半に突入すると、「私が存在している」という事実に直面し、それに驚愕の念を覚える。これは自我体験と呼ばれるもので、人によって格差はあるが、それに敏感な者に強い印象を残す。これはまさにアリストテレスが哲学の端緒に位置づけたタウマツェイン（存在の事実に面しての驚愕）のミニチュア版である。そこで、この原初的体験から次のような問いが生まれてくる。「私はなぜ他ならぬこの私なのだろうか」「私はなぜ、あのときあそこにではなく今ここにこういう形で存在しているのだろうか」「私がいずれ死ぬとすれば私がこの世に存在している意味は何なんだろうか」「他の人も私と同じように考えたり感じたりするのだろうか」「そもそも自分って何だろう」。

このような問いを発する者は、既に哲学の領域に一歩足を踏み入れているのである。しかしここで注意しなければならないことがある。それは、タウマツェインの対象には内面的主観性を中核とする「私」のみではなく自然的世界全体の「存在」も含まれる、ということである。ギリシャの哲学はもともと自然哲学として出発し、自然的世界の第一原理を探究することを課題としていた。つまり客観的外部世界の客観的存在の事実（不思議）に驚愕して自然的世界の存在論を構築することに目覚めたのである。アリストテレスが言うタウマツェインは、こうした存在論への衝動を指し示している。彼の第一哲学としての形而上学（metaphysics）は自然学（physics）を下部構造とする、存在そのものの第一原理の探究であった。そこでは、内面的主観性を中核とする自我の存在は重視されていない。自我の存在を重視したのはソクラテスである。彼は、当時蔓延《はびこ》っていた自然哲学に愛想をつかして人間的自我の問題と善なる生活の実現に専心するようになったのである。「汝自身を知れ」という格言は自然的世界のメカニズムから離れた精神的自我の自律性への関心を象徴している。

先述の自我体験は主に自我の存在に関わるもので、自然的世界や社会的環境という外部の世界の存在はさしあたって関心の的とはならない。しかしこれでは片手落ちで、とうてい本来的哲学の道、つまり厳密な学としての存在論の道には入って行けない。思春期から青春期にかけての自我体験は、所詮ナイーヴなフィーリングに触発された一過的出来事なのである。とはいえ、この体験を全く無視するのも何か名残惜しい気がする。この体験を本来的存在論へと何とか取り入れる術はないであろうか。

そのためにはソクラテス的関心をアリストテレス的目標と融合する観点が要求される。つまり、自我の存在への関心と自然的世界の存在への驚異の念の接点を見出す必要があるのだ。そして、これに精神と肉体の関係、すなわち心身問題が加味されなければならない。なぜなら、それによって自我の存在と意識の関係が、身体的自然と環境世界への関連において改めて照射されるからである。その際、心身二元論の克服と主観―客観対置図式の乗り越えが同時になされるべきである。これによって自我体験の自然主義的解釈が可能となる。

普通、「私はどこから来て、どこに行くのだろうか」という問いはナイーヴな人生論か宗教の世界に終着するのが関の山である。一時期流行した実存主義も厳密な存在論からは程遠いものであった。また最近の生命倫理学や臨床哲学も自然主義的観点を無視するものがほとんどで、自我体験の自然的存在論にはまず寄与できない。自然法則から隔絶した「唯一無比のこの私」を喧伝する輩もいるが、その観点はデカルトの下手な焼き直しにすぎない。そこには社会性が欠如し、自然的生命の息吹が感じられない。それに対して、プラグマティズムから今日の認知神経哲学へと連なるアメリカの哲学者たちの観点からは学ぶべきものが多い。彼らはみな経験科学というものを信頼し、目の前の現実を直視し、伝統と権威に囚われずに事象そのものを哲学的に探究することを理想としている。また極端な主観主義を排除し、身体的自然と社会的環境を常に視野に入れた、客観優位の堅実な観点をとっているのも彼らの特徴である。

主観的観念論の立場からすると、「私は今ここに存在している」という事実は、世界への脱自的延長性を欠いた主観的パースペクティヴのゼロ点から意味看取されてしまう。その際、自らの意識が発達的履歴に裏打ちされていることが無視され、現在優位の視野が他を押しのけて幅を利かすことになる。しかるに、意識の発達的履歴は身体的記憶として、そのつど現在である主観的パースペクティヴにとって顕現せざる背景として機能している。それはまた、現在という時間契機に意味を付与し活性化する過去と未来という辺縁を携えている。自己の「存在」は、過去と現在と未来を統一する「意識」の根本構造から理解されなければならない。さらにそれに「身体的自然」が加味されるべきである。しかし、これは超越論哲学流の「意識による存在の構成」とは違う。超越論的哲学では、存在は意識による主観的構成の支配下で矮小化されてしまうが、自然主義的観点からすると、それは本末転倒である。意識と存在は、身体的自然を媒体として、一つの循環的―円環的構造を形成している。つまり意識と存在は相即の関係にあるのだ。そして媒介項としての身体的自然は「生命」の次元を示唆する。このことを顧慮すれば、普通その結びつきが理解しがたい自我と生命の関係に一条の光が射し込むのである。つまり「私が私である」ということと「私が生きている」ということの間の懸隔が一挙に縮まるのである。

それではその際、身体的自然というものをどのように考えたらよいであろうか。意識が生じる場は、環境世界へと運動図式を介して関わる身体である。その中でとりわけ重要なのは情報統合の中枢としての脳である。生物進化の過程における中枢神経系としての脳の発達には、それぞれの生物種内における群生様式が深く関わっている。この群生様式とは、それぞれの個体性をもつ生命体の共同生活の様態を指している。個体性は、進化の程度に応じて様相が違ってくる。単に他と自己を区別するだけのものから、その区別を自覚するもの、さらにはその自覚をシンボル（身振りや言語）によって表現し、それを群生様式に反映させて行くものまである。つまり、単に外皮によって他から区別される一つの生命体であるという意味での個体性をもつ生物（ミミズやヒトデ）から中枢神経系の発達によって自覚の基底層を獲得した動物（ネコやスズメ）、さらにはそれを言語的表象に組み込めるようになった社会的有機体（ヒト）まで多様な段階的様態がある。この最後の段階において、いわゆる「意識」なるものが明瞭に確認され、それが個体性の中核をなすものとみなされるのである。しかしここで注意しなければならないのは、自律的理性とか精神性という意味を帯びた人間的意識といえども、生物進化の過程で創発したものであり、ミミズやネコの個体性と同等の生物学的基盤をもつものだということである。つまり人間各人の自己意識にはやはり自然的起源があるのだ。人間の思春期後半における自我体験も、こうした自然的起源をもつものとして理解されるべきである。

自己の存在への強い関心を引き起こすものとして特記しておくべき、もう一つの現象がある。それは死に面しての存在の意識の変容である。死は「これまで存在していたものが無くなる」ということであり、それに面した者に強烈な印象を与える。我々は、或るものが失われたとき、その価値を改めて思い知るのである。換言すれば、それまであまり気にかけていなかったものが喪失したとき、初めてその重要さが際立つのである。

死の経験は、さしあたって他者の死に直面してなされるものだが、それはすぐに他人事ではなく、いつか我が身に降りかかりうる厳粛な事実として受容される。他方、自らの有限性の意識や瀕死の体験は、他者への愛情へと反転したり、憎らしい特定の人物への怨念を増長したりする。たとえば、まだ若いのに他界せざるをえない癌患者が、残される妻子に最大限の配慮したくなるとか、逆に「何で俺だけが」という憤りから、かつて嫌がらせをした上司（けっこうな歳だが健康そのもの）を道連れにしたくなるとかいうのがそれである。なぜこういうことが起こるのかというと、それは生命というものがもともと脱自的性質（ecstatic character）をもっており、自他未分の自然的世界から創発するものだからである。人間の男と女のセックスや動物の雄と雌の交尾、つまり生物の生殖活動は、或る意味では自己と他者の区別を取り払うための儀式である。オルガスムスの身体感覚はそれを象徴する現象であり、生命の脱自性を示唆している。(1)

「私は今ここに存在している」という意識は、自他未分の生命感覚を無意識的背景としてもっており、その意味で自然的世界にどっしりと根を下ろしたものと理解されなければならない。人間の思春期における第二次性徴とそれに並行する身体意識の変容は、思春期から青年期にかけての社会的自我の確立と密接に関係している。自我体験はまさにこの狭間で生じる。それを神秘化したり、超越論化したりするのは、身体に無意識的記憶として沈殿した自然的背景に無頓着だからである。自己の存在の意識は、原初的に自然の贈与であり、主観的構成による観念化に常に先立つ次元を示唆している。このことが分からないと、自我の本質の考察から生理学的説明や生物学的研究を排除したくなる。

たった一つの受精卵から分裂を繰り返して数十兆個の細胞に増殖し身体のシステムを形成する、有機体の自然的生命活動は、あの繊細で肌理の細かい自己意識にとって不可欠の創発基盤である。細胞核内の遺伝子に蓄えられた情報も、生命の自己組織活動を媒介として自己意識の創発を基底的次元から援助する。そもそも人間個体がそれぞれもつ生命の自己組織活動は、この宇宙がもつ生命の歴史のミニチュア版であり、マクロの自然的世界の生命性と時空構造をミクロの世界で再現したものと理解できる。(2) それゆえに「なぜそもそも存在するものは存在して無ではないのか」という存在論的問いは、自然的世界全体と有限な自己の実存双方に関わるものとして提出されるのである。

ところで他者の生命の尊厳を守ったり、自己の健康を維持したりするため、つまりより善き生活を実現するためには、医学や生理学の基本的知識を身につけていた方が、単に理想主義的な精神論を信奉するよりもはるかに有益である（プラグマティストは哲学者として実際そう考える）。また教育や福祉の現場でもそれらは役に立つであろう。このことを顧慮して、次に自己への配慮とそれが社会福祉への関心に発展するプロセスついて考察することにしよう。

2　自己への配慮と社会福祉

我々各人は自らの存在を慮る。つまり、これまで在った自分とこれからの自分の間にある今現在の自分の「在り方」に思いをめぐらせるのである。「在り方」とは「生き方」ないし「身の振り方」でもある。これらは存在の様相に属すが、「自らの存在を慮る」と言う場合、これに意味や価値という要素が加味される。「私の存在には意味があるのだろうか」「私の生き方には問題はないだろうか」という問いかけは、この側面に関わっている。それでは、なぜ我々はこのような問いを発し、自己の存在に配慮するのだろうか。そこには何か目的論的な原理が控えているのだろうか。

生命の本質に関する機械論的説明と目的論的説明の対立は解決済みのように思われるが、それはあくまで「生命」の一側面に関することにすぎない。生命に意味や価値という目的論的含みを見出そうとして生気論に助けを求めた、かつての反唯物論的立場は、機械論の精密化によって打破され、さらに有機体論やシステム論によって内側から乗り越えられてしまった。しかし、それによって目的論的生命観が完全に敗北したわけではない。生気論に代表される反唯物論的生命観は、自らが本来欲しているものを場違いの所に求めて錯乱してしまったのである。つまりそれは、生命の意味や価値を本来知りたかったのだが、生命のメカニズムをも自らの思考原理で統制しようとしてしまったのである。生命の物理—化学的メカニズムは複雑なシステムを形成すると意識を創発せしめる。この創発特性としての意識が、生命の意味や価値という、これまた創発特性に関心をもち、それを概念化しようとする。その際、したがって創発特性としての意味や価値の出所は、やはり有機体の生命活動の物理—化学的組成である。その際、とりわけ生命的情報処理中枢としての脳が重要なのは言うまでもない。しかし創発特性というものは、その創発基盤には還元できない。つまり生命の意味や価値は、やはり物理―化学的ないし分子生物学的メカニズムには還元できないのである。創発基盤と創発特性の間には幾多の変数が介入しており、これが非線形効果を引き起こす。したがって結果にばかり着目すると、生命の意味や価値は全く非物質的なものに思われるのである。ここから周知の、精神と物質の二元分割が生じる。生気論の誤りが、この二元論的観点に由来するのは言うまでもない。また極端な唯物論的機械論も実は、この二元論的観点に淵源する。その意味でそれは生気論に対するナイーヴな反論にすぎない。

自己の存在に目的論的含みを探ろうとする姿勢は、こうした機械論と生気論の対立に別の側面から光を投げかける。自己の存在の意味への関心こそ、実は生気論という一見不合理な立場を生み出した当のものだったのである。それゆえ我々は問題を整理しなければならない。つまり、生命（life）の物質基盤と生態学的環境におけるその発現形態を区別して（これはもちろん二元論的対置を意味しない）、人間社会における生命の価値を考察しなければならないのである。そして、この考察に「自己への配慮と社会福祉」という問題系が関わってくる。この問題を考えるために動物の利他行動というものに着目してみよう。

人間以下の哺乳類にも、多かれ少なかれ利他行動が観察される。動物の世界は普通、弱肉強食を基調とする本能的行動に支配されているように思われるが、種全体の生命を維持するためには、人間に観察されるような利他行動が必要となるのである。さらにそれは、種ないし特定のコロニー（生物の集団・集落）の範囲を越えて、他の種や別のテリトリーのコロニーにまで及ぶ。利他行動は自らの生命を犠牲にしても他の（場合によっては敵の）生命を守ろうとするとき絶頂に達する。そこまで行かなくても、自らの食物やテリトリーを他に譲るという行動に利他性は容易に観察される。こうした点に生命の目的論的性格が表れているとは言えないだろうか。というか、かつての生気論のように非物質的な神秘的要素に生命の目的論的原理を求めるよりも、個でありながら個を超えて行くような外面的で生態的ないし生命共同体的な行動要因に生命の目的論的側面を探って行く方が合理的とは言えないだろうか。後者の観点は、個体の内面性よりも集団レベルでの行動（つまり社会的行動）に着目して生命の意味や価値を捉える姿勢を示唆している。生気論の反唯物論的な神秘主義的生命理解は、結局、人間個人の内面性に定位した精神主義的原理を生物の生命全般に投影したまがい物だったのである。そこには生命の共同体的性格についての観点が欠如している。それに対して、もし生命の目的論的理論が有効なものとして提出されうるとしたら、それは精神と物質の対立を生態学的生命のシステムに向けて乗り越え、個体の生命を集団レベルの生命の大いなる連鎖の中に位置づけるものでなければならないであろう。こうした考え方は、生命の還元主義的な理解の強力な基盤となっているＤＮＡセントラルドグマや遺伝子決定論に対して、遺伝子と環境の相互作用に基づいて生命のシステム論的理解を推し進める生態学的生命論による実証的バックアップを受けることによって堅固なものとなる。いずれにしても生命の意味や価値は、内面的精神性に着目して得られるものではなく、むしろ自と他の援助関係を生態的環境における生命連鎖に位置づけてこそ理解可能となるのである。人間の場合には、個人の内面性や実存だけではなく社会性の次元に着目しないと生命の意味や価値は理解できない。それゆえ自己への配慮ということも社会的次元を顧慮して把握し直されるべきである。

ところで人間における利他行動の高度に組織化された形態は社会福祉である。貧富の格差をなくし障害者をいたわり老後の生活を豊かなものにすることを目標とする社会福祉は、生命の目的論的理解を何の衒いもなく素朴に表現している人間的現象である。こうした観点から社会福祉というものを捉える人はあまりいないであろう。しかし社会生物学や生態学的生命哲学の観点を研ぎ澄ませると、この点はすぐに明瞭となる。ここでは社会福祉の形態や制度には立ち入って論じないが、生命の本質をその目的論的原理に見出そうとする者が変な精神主義的思想に脱線しないようにするためにも、この現象に注意を促しておきたい。

さて、自己への配慮とは他者から隔絶した独我論的内面性に定位したものであってはならない。多くの人々が、自己とは他者に知りえない内面的意識を中核とするものと誤認している。自分だけがアクセスできる内面的意識というものは、発達的観点からすると後発のものであり、社会的観点から見ると有害なエゴイズムの元凶である。普通、生命の尊厳というと漠然とこの内面的自己が前提されがちとなってしまう。しかし生命の尊厳というものは本来、利他行動から理解されるべきもので、内面性や精神性は下手をするとオカルト的方向に誤導する要因となる危険性をもっている。一部のカルト教団が医療関係者と手を組んで詐欺行為や虐殺を行うことの背景には、こうした要因の悪用が控えている。ちなみに、その代表格であるオウム真理教の幹部たちは、みな「真の自己実現に失敗した人生の敗北者」である。高偏差値の大学（主に理科系）を卒業したオウムの幹部たちは、通常の組織や人間関係に適応できず、負け犬が傷を舐め合うように、反社会的教団を作り上げた。彼らの多くが、学童・学生時代に無口で非社交的であったことを特徴としている。つまり自分をうまく表現できないままに成人式を迎えてしまったのである。そこで彼らはあせって自己流の歪んだ主体性を捏造せざるをえなくなった。そして、その歪んだ主体性同士が結合して、反社会的カルト教団へと発展したのである。彼らには、真の宗教に見られる社会福祉の理念など微塵もない。哲学的基礎を欠いた理科系の勉強もまた、これに拍車をかける破目になった。生気論的生命理解は、下手をするとすぐにこういうオカルト的傾向に逸脱してしまうのである。

しかし自己への内面的沈潜が功を奏した例も多々ある。たとえば哲学者ではパスカルやウィトゲンシュタインにおいて、内面的誠実性が潜在的社会性として花を咲かせている。日本の作家では有島武郎や太宰治がその傾向を体現している。こうした例から看取できるのは、内面への沈潜が「甘えの構造（structure of interdependence）」を打破しつつ真の社会性を実現せしめることがある、ということだ。彼らとオウムの連中との違いは、結局「自己への配慮」に成功したかどうかによるのである。

たとえば太宰もウィトゲンシュタインも出世や世間体というものを全く気にかけていない（なお太宰が芥川賞にこだわっていたのはそれほど問題ではない）。ただひたすら真実を探究し真の自己を実現しようとしたのである。その姿勢は伝統や権威に真っ向から衝突せざるをえないことが多かったが、自己への配慮を片時も怠らなかったために、オウム的非社会性へと逸脱することはなかった。

帝王かしからずんば無を標榜する野心家が帝王になれなかった場合、彼は絶望する。しかしそのとき彼は、帝王になれなかったがゆえに絶望するのではなく、帝王になれなかったことを嘆いている自分自身に絶望しているのである。[3] つまりそのとき彼は、自分がこれまで自己への配慮を怠り、偽りの理想を追求し続けていたことに気づいたのである。彼が本来なすべきことは、帝王になることではなく、福祉国家を実現するための政治家になることであった。それは何も大金や権力を得るためのものではない。すべての生命体が平等に本来的自己を実現できるようになるための基盤を作ることを目標にすべきものなのである。

社会福祉の原型を動物の利他行動に見る自然主義的解釈は、生命の尊厳の守護への科学の介入を正当化する。現代医学は高度に精密化した技術体系となっているが、その原型たる医療はもともと他の生命体（隣人）の痛みや苦しみを癒す素朴な行為であった。この行為が利他行動に基づいていることは容易に看取できよう。他者の生命や健康への配慮が物理科学的技術体系である医学をここまで成長させたのである。換言すれば、生活の要求が生命科学たる医学の進歩を引き起こしたのである。ここにも生命の目的論的性格が表れているが、それは同時に生命科学の目的論的性格をも示唆している。

普通、生命倫理というものは科学技術とは別次元のものと考えられがちである。しかし、それは事実と価値の二分法の悪しき適用にすぎない。他者の生命の質の向上に寄与しようとする医学は、実は利他行動的隣人愛に基づいた生命倫理の一形態なのである。たとえば無医村に赴く、理想に燃えた若い医師のことを考えてみよう。無医村では基本的に一人の医師に全診療科目の担当が義務づけられやすい。たとえ全科目ではないにしても、複数の科目の担当が課せられるのが通例である。若い医師にとってはそれ自体がかなりの負担であるし、研究時間もとれなくなり出世の道も閉ざされがちとなる。そこで多くの医師は無医村への赴任を避けたがる。それゆえ、もし僻地医療に情熱を燃やす医師がいたとするなら、彼は生命倫理の立派な実践者なのである（シュバイツァーを想起されたい）。そして彼の行為においては、倫理（隣人愛）と科学技術は一体となっている。そこには事実と価値の二分法は適用できない。このことは何気ないが、実は見逃されやすい重要な契機である。大金と権力を得ることを目的とする医者はけっこういるが、そうした医者は実は自己への配慮を怠って、偽りの主体性を構築しているにすぎない。それに対して無医村に赴く医師は、自己への配慮を科学的実践の場に生かしているのである。

我々は、自らの在り方を反省できる点において秀でた社会的生物である。自己への配慮も他者の生命の質への気配りも、生態的環境における生命共同体の中でなされる自然現象であることに常に留意したいものである。

3　意識と行動、あるいは内部と外部

我々各人は自らの内面に関心をもち、しばしば自己の在り方を反省する。これによって、いわゆる内面的意識が成立する。内面的意識は普通、外面的行動とは区別され、自然的世界の客観的存在から切り離されて理解されがちである。しかし自己への関与としての内面的意識は、一つの心的行為とみなされうる。「行為」とは、意図的になされる行動のことであり、必然的に志向性を含んでいる。それゆえ、それはまた他者との関わりにおける「自覚的振る舞い」でもある。

生物ないし生命体の行動は単なる物理的運動ではなく、生命共同体ないし生物社会における仲間との交渉から生

じる非線形的現象である。ただしそれは外から直接観察できるので、死せる物体の物理的運動と類似した現象としても捉えることができるのである。そしてこの側面に関心を奪われると、行動というものを内面的意識から切り離して線形化したくなる。

非線形的現象とは初期条件から結果を予測しがたいもののことである。それに対して線形的現象とは、初期条件が確定すれば結果もまたほぼ確定するものを言う。自然界の死せる物体はすべて、基本的に物理的因果法則に従う線形的振る舞いを示す。特に、或る特定の物体を単独で観察した場合、そうした性質を容易に看取できる。しかし複数の物体が相互作用し始めると事態は少し変わる。つまり非線形的な創発現象が生じ始めるのである。これは生物の群や人間社会における行動の創発的特性に比べれば取るに足らないものであるが、それらの基盤となる現象であることもまた確かである。

我々は普通、内面的意識の創発的特性（つまり非物質性）にばかり着目して、物理的世界にも見られる非線形的現象や創発特性にはあまり注意を払わない。これが意識と行動の二元分割を生み出す元凶となる。つまり意識に物理的因果法則に従わない精神性を帰属させ、行動には法則化可能な準物理的性質を帰属させるのである。しかし現実には意識と行動は密接に関係しており、両者を切り離して考えることはできない。それゆえ、行動主義の心理学が基本的に行動を刺激に対する反応として捉え、刺激（入力）と反応（出力）の間に介在する内的認知過程を無視したことは断罪されなければならない。他方、内観主義の心理学が意識の行動的延び広がりを捉えることができなかったことも同時に裁かれなければならない。結局、両方の立場の心理学は意識と行動の循環的―円環的な相即関係を理解できなかったのである。心理学の科学基礎論を請け負う「心の哲学」は、こうした落ち度を是正し、意識と行動の相即関係を正しく捉え、それをもって心の本性を見届けなければならない。

意識と行動の関係を深く考えた哲学者としてはミードとメルロ＝ポンティを挙げることができる。両者は共に、内面的意識というものが実は外の世界へと常にはみ出していることを人々に理解させようとした[4]。このことは、内面的意識が常に行動によって媒介された心的行為であることを示唆している。つまり意識は、自然的ならびに社会的環境へと関わる行動によって触発される内的行為なのである。それゆえ意識と行動の間には情報のフィードバックとフィードフォワードの循環が成立している。

生命体の意識の成立には他者との交渉という契機が不可欠である。ところが、自己の内面に沈潜し黙して語らない者同士が対面しても、意識の生動性は立ち上がらない。それを活性化するのは、身体の運動を介した他者との交渉ないし情報交換（コミュニケーション）なのである。そこには瞑想的自己にはない生命の躍動がある。意識の本性は、この生命の躍動に裏打ちされた自己関与のダイナミズムのうちに求められなければならない。「内面」というものは、最初から出来上がってそこにある静的事実ではなく、他者との交渉から関心が自己へと向かう際のベクトル変換の「動き」そのものなのである。つまり、それは延長を欠いた点ではなく、点から点へと動く方向性を示唆している。この点を顧慮して、いわゆる内部と外部ないし主観と客観の関係も捉え直されるべきである。こうした対立項は、相互に全く排除し合うような実体的性質のものではなく、自己関与のダイナミズムから派生する観点の布置として相対的なものなのである。そもそも行動と密着した意識には主観性の絶対化という観点がない。それは主客未分の純粋経験と行為的認知を基調としている。

意識と行動の関係を考える際に顧慮されるべき重要な契機はまだある。それは自由ないし自由意志である。自由意志は常に行動によって媒介され、多くの場合後者によって表現される。つまり自由意志は内面にとどまるだけの思考内容ないし観念ではない。そもそも環境への関わりや他者との交渉なしには「自由であろうとする意識」は生じない。我々は、おいしいものを食べようとしてそれを邪魔されると、自らの権限としての自由を主張したくなる。また豪雨や突風にさらされると、樹木や建築物と違って、自らの意志で自分を安全な場所へと移動させる。この場合も、頭の中で「豪雨が止めばなあ」と仮想現実を捏造するのではなく、実際に身体的行動を起こすのである。いずれにせよ自由は内面的意識にとどまる現象ではない。それは意識と行動の両方向に張りめぐらされた心身未分の有機体的現象なのである。

こうした点を考慮すると、自由意志の問題を心身二元論によって解明しようとする立場は本末転倒であることが分かる。二元論者は、自由意志を脳の生理的活動のもつ物理的因果性から切り離したがるが、それは有機体の環境への関わりとしての行動を無視して、自由意志を内的観念に貶めているからにすぎない。問題は、自由意志が脳の物理特性から説明できないので後者から切り離すべきかどうかではない。むしろ、それが意識と行動の相即性のうちで生起する心的（というより有機体的）行為であるという点に着目すべきなのである。ちなみに脳の神経生理学に関するいかに深い知見をもっていようとも、脳が身体に有機統合され環境への関わりにおいて機能する情報システムであることを理解できないと二元論に堕落してしまう。エックルズはその典型であった。自由意志が内的観念にとどまるものでないのと同様に、脳もまた他の脳から隔絶した情報システムではないのである。

最後に興味深い現象を提示しておこう。それは、内面性を否定する立場の方が心の大切さを捉えることに成功している場合がある、ということだ。後期のウィトゲンシュタインは「内面的心の状態など実は存在しない」ということを執拗に論究している。これは形而上学的自我を主張していた前期の立場への自己批判も含んでいるのだが、彼が一貫して大切にしていた哲学の主題を示唆している。それは「語りえないもの」ないし「倫理的なもの」である。周知のように彼は内面的苦悩に生涯苛まれた人であった。同時に素朴な福祉的行為を尊んでもいる。このような彼にとって、内面性に沈潜することは一見深遠なものに見えるが、実は偽善的で軽薄な思考態度に他ならないものに思われたのである。(5)「心」とは他人への素朴な思いやりから生じる「関係的存在」である。それを尊重するということは、唯心論や神秘主義を批判することでもあるのだ。

4　個でありながら個を超えるということ

人格や生命の尊厳を表現する言葉として「かけがえのない自己（私）」というものがある。しかし一体、何がどうかけがえがないのだろうか。全世界で六〇億人あまりいる、それぞれの「私」が、「かけがえのない自己」を主張し始めたら、「他の自己」に対する毀損が巷に溢れ始めるであろう。そもそも我々は、それほど自己というものを他から隔絶した個体として理解しているであろうか。確かに、そのように感じることもたまにはあるであろう。しかし日常生活において自意識過剰になる機会は限られている。そのほとんどは無意識的認知活動に費やされているのである。そして、この無意識的認知活動は、身体性を介して自然へと脱自的に延び広がった自己の在り方を象徴している。この存在様式を表す日常的言い回しとして「自然体で生きる」というものがある。そして、この「自然体で生きる」ということが、我々各人に「個でありながら個を超えること」を可能ならしめるのである。

自然界の摂理は、個体が無限に生き延びることを許容していない。生命ある個体は必ず死ぬ。換言すれば、死ぬことができるから生きていると言えるのである。「かけがえのない私」という観点は、「私」が永遠に生きるということからではなく、死すべきものであるという自覚から生じる。しかし、この自覚を単独者という観点から矮小化してしまっては元の木阿弥である。「死すべきものとしてかけがえがない」という自覚は、実は「私が死んでも他の私がこの世界を相続してくれる」という無意識的認知を背景としているのである。このことは自明なようで分かりにくい。そこで「唯一無比のこの私」ということを喧伝する輩が後を絶たないのである。しかも彼らは心を脳という自然から断固として切り離す二元論的態度に執着している。これによって自我と自然の分離がますます推進される破目になる。[6]

生物の世界全般に見られる生命の連鎖は、個体の死によって可能ならしめられている。これは負の負が正になる（－（－1）＝1）のと類似している。生命の本質はこの－（－1）＝1である。つまり、それは個が個でありながら個を超える運動なのである。[7] そしてそれは自我と意識の構造にも表れるはずである。このことを次章「自我と生命」で深く掘り下げて論じることにしよう。

注

（1）たとえばデューイは次のように述べている。「いかに一人の人が他の人の存在を知るかという問題は、心と生命の関係が真正に理解されたときには、他の動物は他の動物なのに、或る動物はどのように他の動物と結合できるのかという問題と同じである。接合的結合で生まれる生物は、その存在を永続化させるために（少なくともすべての高等動物がそうであるように）、他者に依存しているので、またそれ自身の構造の中に他者と親密な関連をもった器官や特徴をもっているので、もしその生物が自らを知るならば、その生物は他者を知るだろう」（J. Dewey, *Experience and Nature*, p. 278. 邦訳、二八三ページ）。デューイは基本的に内面圏へと隔絶化された自我というものを承認しない。彼にとって「経験を生きる」ということは有機体の皮膚の表面下で進行するものではなく、有機体の内部と外部の環境ならびに他の有機体との相互作用を含む包括的事柄である（*op. cit.*, p. 282. 邦訳、二八六ページ）。意識が生命と相即し、経験が自然に根ざしていることを理解する上で、デューイの思想は極めて有益である。

（2）小林道憲『生命と宇宙』ミネルヴァ書房、一九九六年を参照。

（3）S・キルケゴール『死にいたる病』飯島宗享訳、教文館、一九八二年、一三ページ以下を参照。

（4）G. H. Mead, *Mind, Self and Society: from the Standpoint of a Social Behaviorist.* メルロ＝ポンティ『行動の構造』滝浦静雄・木田元訳、みすず書房、一九九一年を参照。

（5）この点に関してはウィトゲンシュタインの諸著作の他に次の文献を参照されたい。ジェフ・クルター『心の社会的構成』西阪仰訳、新曜社、一九九八年、A・C・グレーリング『ウィトゲンシュタイン』岩坂彰訳、講談社、一九九四年

（6）こうした傾向を打破するために次の書物はぜひ読まれるべきである。J・デューイ『民主主義と教育』（上・下巻）松野安男訳、岩波文庫、二〇〇四年。忙しい人は、さしあたって上巻冒頭部の「伝達による生命の更新」を読んでおくだけでも有益で

あろう。

（7） この点に関する偉大な先駆的業績としてV・v・ヴァイツゼッカー『ゲシュタルトクライス』木村敏・濱中淑彦訳、みすず書房、一九九五年を挙げておく。

第8章　自我と生命

はじめに

自我とは何か。かつて数多の哲学者たちがこの問いに挑んできた。また哲学から独立した心理学もまたこの問いに積極的に取り組んできた。さらに、この問いは自己の在り方を反省するすべての人のものである。

他方、生命の本質への問いも有史以来、哲学の根本的懸案であった。そして哲学から独立した生物学は、この問いを特にメカニカルな方向で取り扱ってきた。また言うまでもなく、この問いは自分の生き方を反省し、自らの生の意味に関心をもつすべての人のものである。

ところで自我と生命は密接に関係している。しかし、この両者を明確に関係づけて問うための方法を見つけ出すことは意外と難しい。事実、この関係を主題的に論じた文献はあまり見当たらない。どうしてだろうか。おそらく心理学の領域に属するものと生物学の領域に属するものの間の懸隔が問題なのであろう。自我への問いは人格や意識という心的なものに関わるのに対して、生命への問いは生体内の物理現象という物的なものに関わる。もちろん両者ともそれに尽きるわけではないが、やはり問いかけを主導しているのは、それぞれ心的なものと物的なものである。

そして、それは特に方法論的観点から言える。

人々は、自我への問いも確かに脳や身体の生理的機構とは無縁ではなく、生物学的側面ももつことは十分承知しているのだが、心的側面に圧倒されがちである。他方、生命への問いも確かに人格性や死生観という精神的要素とは無縁ではなく、人文学的側面を有していることは認められているのだが、やはり生理学的側面に圧倒されてしまうのである。ここで「圧倒されてしまう」と言ったが、それは思考回路ないし問いかけの方法論が固定されてしまうことを意味する。つまり事象の解明を滞りなく推し進めるために余計な要素をとりあえずエポケーしたくなるのである。これによって心的方向と物的方向への分岐が生じ、反対方向へと後ろ髪を引かれつつも行きやすい方向へと突っ走ってしまう。本来一つである自我への問いと生命への問いが、なかなか接点を見出せないのはこのためである。

もちろん、自我と生命の関係を問うた思想家は何人かいる。また前世紀から文科系の学問と理科系の学問の間にボーダーレスの現象が起こってきて、この関係の解明の基盤が準備され始めたと言える。しかし明確な方法論は未だ提出されていない。そこで筆者は、ここにその原案を提示しようと思い立ったのである。

自我と生命の関係を問うことは、心身問題の一環だと筆者は思う。つまりこの関係を問うことは、心と身体の関係を問うことと表裏一体なのである。そして、それぞれの関係は二元論克服の観点から解明されなければならない。換言すれば、心身二元論克服の観点が自我と生命の関係の解明に生かされなければならないのである。このためにはまず心と生命の一体性が抉り出されなければならない。この場合の「心」は無意識的裾野を伴った自然的現象を意味する。そしてそれは一人称的主観性成立以前の、つまり主観的現象としての自我成立以前の身体的自然を示唆する。それが生命の豊饒な（すなわち心的現象をも包含する）働きに直結することは想像に難くない。我々はぜひともこの点に食い入らなければならない。そこでまず、その点から話しを切り出すことにしよう。

1　心と生命

西洋哲学の偉大な先駆者であり同時に生物学の祖でもあるアリストテレスは、プシュケー（心）の本性を論じた本の中で次のように述べている。

心は生きている身体の原因であり原理である。が、これらの「原因」や「原理」は色々な仕方で語られる。そこで、同じように、心も、既に規定された仕方で、三通りの意味で原因である。つまり、心は運動の起源であり、運動の目的であり、さらに心をもつ身体の本質としての原因である。

心が本質として原因だということは明らかである。なぜなら、本質とはすべてのものにとって「あること」の原因であり、生きているものにとって「あること」は「生きていること」であって、心がこの「生きていること」の原因であり原理だからである(1)。

我々は一般に、心というものを内面的な意識内容だと思っている。それは各人に属す非物体的な何かであり、外からはうかがい知ることができない、というわけだ。このように考える当人は当然生きているわけで、自らの心を使って身体を動かし、行為しつつ周囲世界に関わっている。その有様を別の人が外部から見ると、怒ったり悲しんだり喜んでいる身振りとして受け取られるのである。行動主義者はこの身振りをそのまま心と解釈する。しかし、自分の主観的パースペクティヴから心という現象を捉えることに慣れ親しみすぎている人にとって、行動主義的解釈は鼻もちならないものであろう。そこには一人称的主観性の質感が全く欠けているからである。

心というものが、現象的質感を伴って各人の一人称的主観性のパースペクティヴからのみ理解される、という考え方は一見妥当なものに思われるが、実は重大な欠陥をもっている。つまり「生きている」ということと相即する心の本性を捉える視点が著しく貧弱なのである。ためしに、一人称的主観性の信者に「植物は心をもっていると思いますか」と尋ねてみればよい。「とんでもない。変な質問はよせ」と返答されるのが落ちであろう。それに対して「では、植物状態の患者は心をもっていると思いますか」と問い返すのもまた一興である。主観教の信者が答えに窮するのは眼に見えている。言うまでもなく植物も植物状態の患者も物言わないが生きている。生きているものは心の片鱗を携えているはずである。このことは、人間の尊厳が適用できる患者のみにではなくバラや杉にも当てはまる。

アリストテレスは先述の本の中で、心の能力として、栄養摂取能力、感覚能力、欲求能力、場所的に運動する能力、思考能力の五つを挙げている。植物には、このうち栄養摂取能力だけが備わる。つまりアリストテレスによれば、植物は心の最下層の性質をもっているのである。ちなみに彼は生命の本質を「自己自身による栄養摂取と成長と衰退」[2]とみなしている。そして感覚能力から上の四つの心的能力を可能ならしめているのは栄養摂取能力という最下層のものである。それなしには心は創発しない。つまりそれは縁の下の力もちである。結局アリストテレスによれば、心は生命の創発態なのである。

デカルトによる、いわゆる近代的自我の発見以来、心を無意識的生命と連続するものとみなす考え方は衰退した。しかし前世紀に興隆した心身二元論克服の動きは、アリストテレス的観点を復興させているように思われる。それはさておいて、とにかく我々が注目すべきなのは、心と無意識的生命の相即性であり、一人称的主観性の枠組みからはみ出す心の特性が確かにある、ということだ。

そもそも「心」という語は明確に概念が規定されないままに日常使われている。しかも困ったことに、それでいて各人は「心」というものをしっかり理解していると思い込んでいる。なぜかというと、常識によれば、心は主観的パースペクティヴの窓からしかのぞきえず、心の理解の最高権威者は各人、つまり個々の心の所有者だからである。「自分の心は自分にしか知りえない」「他人の心を知ることはできない」「心の科学なんてありえない」「心の哲学だって？」という発言ないし感慨は、この傾向を象徴している。

植物状態の患者にはアリストテレスが挙げた五つの心の能力のうち栄養摂取能力のみが明確に残っているが、他者の援助がなければ自分で栄養を体内に取り入れることができない。それゆえ他者が植物状態の患者に生きる価値なしとみなしたら、患者は生きて行けない。生きる価値なしとみなすことは、心をもたないとみなすことに等しい。とにかく植物状態の患者には意識がない。わずかに刺激に反応するような心的働きは残っているが、健常者に見られる自覚的意識の能動性がほとんどない。しかし患者の植物神経系（自律神経系）は働き続けており、それによって生命は維持される。意識の機能がほとんど失われているのは、大脳の働きが停止しているからである。それに対して自発呼吸と消化・排泄機能が維持されているのは脳幹部の植物神経系中枢の機能残存による。しかるに、大脳や辺縁系と脳幹部は生命体の神経システムとして本来切り離して考えることはできない。これを心の機能側面に当てはめると、自覚的意識と植物的―生命的心は切り離して考えることができない、ということになる。しかし我々は普通、植物的―生命的心を「心」とはみなさない。それゆえ「植物の心」という表現をうさん臭いものと感じるのである。それに対して、植物状態の患者には、人間の尊厳という常識的観点から、いわば義理チョコ的に心の残存を認める。しかしそれでは足りない。「植物の心」をシリアスに受け取って、無意識的生命と心の連続性に目を開かなければならないのである。

無意識的生命と心の間に連続性を認めるということは、自他の区別を乗り越えつつ心の本性を見届けることにつながる。心は本来、私一人の占有物ではない。「私である」という主観的意識は実は後発のものであり、身体的触れ合いと身振りによるコミュニケーションが、身体と未分の心の原型を生み出すのである。それゆえ身体性は生命と心をつなぐ重要な契機である。植物状態の患者の看護に従事する或る看護師は、物言わぬ患者との身体的コミュニケーションの可能性を語っている。それはまさしく自他未分の生命の共存性の底から湧き上がってくる間身体的心の一形態であろう(3)。

2 生命・生活・人生

ところで、自我と生命の関係を考える際には「生命」の多義性を顧慮しなければならない。英語の life とドイツ語の Leben は基本的に生命と訳されるが、それらが生活と人生も意味するのは周知のことであろう。今日、「生命とは何か」という問いに対して最も権威ある答えを期待できるのは、分子生物学を筆頭とする生物学系の学問であるとみなされている。しかし、生命の本質がＤＮＡの生命情報複製機能だとか細胞膜の働きだとか言われても釈然としない人は多い。そうした生理学レベルの説明は所詮、生命のメカニズムに関するものであって、「私はなぜ生きているのだろうか」という問いには答えてくれないように思われるからである。しかし、そこから二元論的態度に逃げ込むのは、アリストテレスが指摘した生命と心の相即性をシリアスに受け取っていない証拠である。つまり生命の意味ないし価値を物理的メカニズムから完全に切り離したがる態度は性急なのである。他方、唯物論的な還元主義を信奉して、人生の意味や生活の様式への問いを切り捨てる態度もまた軽薄だと言わざるをえない。こうした誤った二者択一を避けるためにも life のもつ三重の意味を改めて考えてみなければならない。

まず、基本的な「生命」という概念について考えてみよう。「生命」は生物学的探究に最も適合しやすい概念である。なぜなら、それは「生きている」と言われうる対象の組成と機構に関わり、自然的因果性の観点に当てはまりやすいからである。つまり、それは生きているものの客観化可能なメカニズムを表現させやすい語である。もちろん、「生命の尊厳」という言葉があるように、そうした使用法に限られるものではない。しかし、「生活」や「生」や「人生」と違って、「生命」は自然的過程の説明にうまくフィットする。このことは銘記しておいた方がよい。そうしないと、生命のメカニズムの研究と主体的な生き方の問題の住み分けに支障をきたすからである。

次に「生活」という概念を取り上げよう。「生活」は生物学的「生命」と人間的「生」（ないし、いわゆる「人生」）の中間に位置する概念である。それは、生物学的には生態的次元を示唆し、単独の生物の生理的メカニズムよりも、群生態における生物の行動様式に関わる。人間の場合それは社会における行動様式を示唆する。つまり「生活」は、生命個体ではなく生命共同体における有機体の在り方に関わる概念なのである。それゆえ分子生物学的な生命の探究は、この概念を説明システムに取り入れる術がない。しかし生態学的な生命の研究では、動物や人間の生活様式が考察の焦点となる。ただし「生活」には、主体の心や意識が十分こもっていない。それは、衣食住という日常的な過程に関わるものであり、生死の際に立たされた主体の実存的問題からは縁遠いものである。

それでは「人生」とは、いかなる次元を示唆しているのだろうか。まず平たく言うと、「人生」は「生命」や「生活」に比べて情感がこもっている。その意味では通俗化に流れやすいことも確かである。生命や生活の科学はあるが、人生の科学というのは聞いたことがない。また人生哲学というのは、厳密な学としての哲学を標榜するすべての学者が軽蔑するものである。人生論もまた然りである。それでもなお人生の問題は我々にまといついて離れない。とりわけ生死の際に立たされると、その問題は顕現してくる。あるいはそこまで行かなくても、生活が貧窮したり破綻の危機にさらされたりすると、その問題は頭を擡げてくる。ここで注意したいのは、生活は人生の下部構造だということである。一見無味乾燥な「生活」という概念も、その変容態は「人生」という外見上深そうな概念と密接に関係しているのである。

ところで、階層づけて言うと、人生は生活の創発態であり、生活は生命の創発態である。つまり生命→生活→人生という形で創発の階層が成り立っている。それぞれの層の間には創発による飛躍があり、上部構造を下部構造によって説明し尽くすことはできない。それでいて、やはり上部構造は下部構造によって基礎づけられている。この創発関係が理解できないと、分子生物学的生命論によって生活や人生の問題まで解決しようとする暴挙が現れる。一時流行した遺伝子決定論などはこの類いである。他方、人間的生活や人生の問題を生物学的生命と全く無縁なものとみなす二元論的態度も創発関係への無知を露呈している。還元主義と二元論は共に、lifeのもつ三重の意味のバランスを捉えそこなっているのである。

ちなみに生の哲学というものがあるが、この場合の「生」はまた前述の三者（生命、生活、人生）と別のニュアンスがある。哲学は統合の学なので、対象の多様な様態を一括りにする原理を探究する。「生」というのは、その意味で理解されるべきである。しかし、その場合にも「意識に直接与えられたもの」とか「歴史的世界における客観的精神の現れの変容」という人間的ないし人間社会的現象を介して生の意味を探求する姿勢が濃厚である。それに対して、ライフサイエンスの哲学というものもある。これは科学史の知識に基づいた科学哲学に属するもので、生物学的生命の概念の妥当性を検討する。こちらの方は、理科系的思考法をとるので、人生や実存の意味を問い求めている人にとっては、あまり面白くないであろう。

周知のように、lifeの意味への問いは理科系的側面と文科系的側面の両方がある。分子生物学者やシステム論者が探究するlifeは、宗教家や文学者が探究するlifeとあまりにかけ離れている。哲学者の中にも理科系的な思考法をとる人と文科系的な思考法を好む人がいる。そうした中でベルクソンが理科・文科の両方に興味をもち、その葛藤を経て生命の哲学を構築したことは注目に値する。しかし彼が結局、唯心論的方向に進んだこと(4)を筆者は断罪したい。彼に欠けていたのは、物理的自然のもつ自然特性であった。それは死せる自然ではなく生ける自然なのである。それゆえ我々は、ベルクソンを継承しつつも、物理的秩序と生命的秩序と人間的秩序三者間のバランスを保つことを理想とし、それをもって唯物論と唯心論の対立の彼岸に立とうとしたメルロ＝ポンティ(5)を賞賛したい。生命と生活と人生三者の関係は、彼の言う三秩序との類比において捉えられるべきである。なぜなら、それによってlifeをめぐる理系的思考法と文系的思惟の懸隔が諌められ、自我と生命の関係を統合的に捉える糸口が見出されるからである。その際、意識の発達的創発とその基礎をなす身体的自然という契機が要となるのは言うまでもなかろう。

3　自我と身体的自然

我々の思考は常に感覚入力から情報を得、それをこれまでの経験と照合し、論理システムによって整理しつつ諸々の観念を形成している。「自我」もその観念の一つである。つまり我々は自分についての再帰的表象をもつことができるのである。その際、思考された観念としての自我は、感覚の雑多な内容から切り離されて、統覚的な精神実体であるかのように受け取られる。すなわち感じるものと感じられる対象との分離が生じ、自我が生ける自然との接点を失ってしまうのである。

色、音、匂い、暑さ、寒さといった感覚的性質は、認知主観が外部世界に付加したものではなく、もともと物理的自然界に情報構造として備わっていたものである。もちろん認知主観による加工は或る程度なされているが、我々の感じるクオリアは、我々の脳の内部の情報システムが単独で実現するものではなく、その生成には環境世界の物理的組成や生態的システムが大きく影響している。換言すれば、脳が感覚連合機能を働かせて情報システムを編成する、その様式が、生ける物理的自然界ならびに有機的人間社会の組成や構造を反映するのである。それゆえ人間の心に見られる統覚の機能は、純粋に内発的なものではなく、外部の世界の構造が内部に取り込まれて実現したものと考えることができる。つまり統覚的自我は、非物質的と烙印を捺される精神実体ではなく、内部に実現した自然の統合性なのである。

　ところで我々に最も近い自然は、我々各人の身体である。我々は普段、心と身体を分けて考えることに慣れ親しんでいるので、自我もまた身体から切り離して理解しがちである。しかし現実に生きている「私」は決して身体から切り離されえない。そこで問題となるのは、思考された観念としての自我と生きられた身体的自我の関係である。前者は主観的構成によって把握されるが、後者はその枠をはみ出し、無意識の広大な裾野をもっている。一般に、自我というものは、意識的自覚によって満たされているものと考えられているが、生きられた身体的自我という概念は、そうした独断的理解に反省を促し、自我と自然の直結性を示唆する。

「(私は)私である」という自覚は、思考された観念である以前に生きられた感覚である。もちろん観念であるという側面も無視できないが、より基底的なのは生きられた感覚という側面なのである。小学校から高校にかけての背が伸びる感覚、筋力がつく感覚、声変わりする感覚、性欲が強くなる感覚、あるいは中年から老年期にかけての関節が硬くなる感覚、精力が弱まる感覚、朝早く目覚める感覚、スローに生きたくなる感覚……。こういったものはすべて「生きられた自我」の感覚なのであり、それは反省作用が働く以前の、身体と直結した「私」というものを示唆している。

「私自身は主観的私によって十分把握できない」ということに目を開くことが肝要である。「私自身」は常に「主観的私」に先立っている。「主観的私」は睡眠や意識喪失によって中断するが、「私自身」はそれらによって途切れることはなく、持続している。また、「主観的私」は他者と明確に分断されており、自己の視点を離れることがないが、「私自身」は他者と生命を共有しており、自分の視点をフレキシブルに変えること、つまり自己を客観視したり他者の立場に立ったりすることができる。さらに、「主観的私」は世界を対象化する視点に立っており、感覚の質を私秘的に享受しているが、「私自身」は世界へと脱自的に内属しており、感覚の質を反省以前の様態で他者と身体的に共有している。総じて、「主観的私」は意識の狭い檻の中に閉じ込められており、無意識的背景に無頓着である。それに対して「私自身」は情動と身体感覚によって柔軟な視角を保持しており、それによって意識の働きを無意識的背景にうまく根づかせている。換言すれば、意識と無意識のバランスがよく保たれている。

　現実の「私」は「主観的私」と「私自身」の統合からなっている。そこで、「主観的私」と「私自身」は自我のもつ両義的性質ということになる。もし或る人が本来的自己を実現していると感じたり自然体で生きていることを実感していたりするなら、その人の自我は「私自身」が「主観的私」をうまく制御しているのである。「私自身」は主観的視点が成立する以前の生命的自然に直接つながっている。それは多分に動物的であり、遺伝子に情報として蓄えられた生物進化の過程を無意識的心性の形で表出している。それゆえそれは、理性によって、つまり「主観的私」によって逆に制御されなければならないという側面ももっているのである。しかし情動の豊かさ、ならびに自然の豊潤さを享受する身体的感性を備えた「私自身」の優位は揺るがない。

　身体的自然は、思考や観念の独り歩きを引きとめ、自我の統合機能を確保してくれる、大いなる母体である。我々が精神的に動揺したり、悪しき循環思考の泥沼にはまったりしたとき、身体運動を介して自然に接することは、極めて効率のよい潤滑剤の役割を果たす。このことは誰もが認めよう。もともと現実離脱としての抽象観念の肥大は、思考が身体的自然から切り離されて生命性を失うことを意味する。晩年（と言っても三〇代半ば）の芥川龍之介を襲った激しい煩悶は、これを象徴する代表例である。これから逃れる術は、とりあえず身体への関心を強めることである。ただし、芥川に近親憎悪をもつ三島由紀夫に見られるような身体崇拝は、別の意味での現実離脱を引き起こし、生命の破綻に至る。三島に欠けていたのは、幼児期から青年期にかけての心身養成であった。後に自ら人工的に構築した筋肉は、自然的生命性を欠いた虚構性を暗示している。つまり三島は、自然の経過に逆らって人工的身体―自我を実現しようとしたのだが、発達的創発の流れには追いつけず、失われた自己を取り戻すことは、ついにできなかったのである。

ところで長年、幻覚や妄想に苦しめられてきた統合失調症の患者が、手術や出産という身体的要因の濃厚なライフイベントに出会ったとき、その症状が一旦消失したり、その後軽症化したりすることはよく知られている。精神科において身体を使った作業療法が薬物療法や精神療法と併用されるは、こうした事情を汲んでいる。身体は、我々をいつも現実に引き戻し、精神の統合機能を生命的自然に根差させる形で確保してくれるのである。

自我の座は、とりあえず脳と言ってよいが、その脳は首から下の身体に根差している。実際、頚椎によって支持され、脊髄を身体めがけて差し込んでいる様は、まるで花瓶に生けられた花のようである。花瓶の支持機能と養分たる水がなければ、生きた植物は死んでしまう。それと同じように、身体から切り離して理解された脳や自我は、自然的生命を失ってしまうのである。

4　生命の関係性

世界を構成する究極の要素はそれ自体で完結した微小個体であり、それらが複雑な相互作用をなしつつ関係的様態を形成する、という考え方は古くからあったし、現代でも根強く残っている。究極の微粒子が物質的なものであれ精神的なものであれ、最初にあるのは他から隔絶しそれ自体で完結した単子（単独の原子《アトム》）だというわけだ。では、それ自体で完結した単独の原子は、いかなる仕方で他の原子と関係をもつことができるのだろうか。自らのうちに既に関係という要素を含まないものは、そもそも他と関係をもつことなどできないのではなかろうか。

物理学で言われる素粒子や原子もそれ自体で完結した単独物ではない。それは力の場（field of force）における、他の粒子や物理的諸要素との関係によって規定された関係的存在である。それはまた時間的生成と空間的位置という要因も携えている。その意味でも関係的存在である。ホワイトヘッドが、このことに着目しつつ原子論的唯物論を否定し、有機体論的自然観を提唱したことは既に触れた。彼によれば素粒子や原子も一つの有機体であり、それ自体のうちに関係性を孕んでいる。

ところで「生きているということ」は、物理的関係性が幾重にも渡って複雑化し、創発した関係的存在様式の究極態である、と考えられる。また「生きているもの」は、他の生物との関係性において存続する。つまりそれは社会的存在である。すると、生命とは、それ自体のうちに関係性を孕んだ有機分子の複合体が、他の有機体と関係をもちつつ、関係の体系としての生命共同体（生物社会）を形成する動きそのものだということが分かる(6)。

生物は、他の自然物質と同様に素粒子・原子・分子という要素から成り立っているが、それらの要素をすべて挙げても、生物が「生きていること」の特性を説明することはできない。それを説明するためには、少なくてもＤＮＡとＲＮＡとタンパク質という生体高分子ならびに細胞というシステムから着手しなければならない。これらは、他の分子やシステムにはない、独特の組成をもっており、そこには既に関係性が成立している。さらにそれらが生命体内部で他の分子やシステムと複雑な関係を形成し、最高度に複雑な生命システムを実現せしめるのである。しかも、その複雑な個々の生命システムが、今度は他の生命システムと関係を取り結びつつ社会システムを形成する。ここには関係の複合と集積がある。

「人は独りでは生きて行けない」とは人口に膾炙した文句であるが、もともと物理的自然界の構成要素のすべてが関係的存在であるという事実に鑑みれば、至極当然なことである。我々は、この文句から道徳的なことよりも、存在論的含みを読み取った方がよい。つまり利己主義や単独行動の害悪を確認するのではなく、生命の存在様式が基本的に実体的ではなく関係的だということを認取すべきなのである。社交嫌いで単独行動を好む変人の中にも慈愛と思いやりに満ちた人はいる（たとえば無医村に積極的に赴任したがる医師とか）。それに対して、身内や自分の派閥内では協調的な善人ぶりを発揮しても、部外者や敵対派閥には恐ろしく冷淡に振る舞う人はけっこう多い。真の個人主義は、生命の関係的存在様式をわきまえたものであって、他者に対して開かれている。それは自分の利益や興味のみを追求するものではない。それに対して、孤独を快・不快の感情を規範として害悪視し、集団行動を偏愛する俗物（彼は孤独に耐えられない。なぜなら鬱になるのが怖いから）は、弱者や例外者を積極的に迫害するのである。「君子は和して同ぜず。小人は同じて和せず」という格言は、集団の中での個の尊厳と共に生命の関係的存在様式をも言い当てているように思われる。

実体論的世界観は、変化と発展と創発というプロセス的ダイナミズムを把握することを苦手とする。それに対して関係論的世界観は、それを的確に捉える力をもっている。生命は誕生と死の間にはさまれた不可逆の時間的現象である。それはまた環境や他の生命体とダイナミックな空間的交渉を繰り返しつつ諸々の創発的特質を獲得して行く。生命のこうした時空的生成様態を捉えるためには実体論的存在論では役不足で、何としても関係論的存在論が要請されるのである。

5　関係としての自己

前節では生命の関係的存在様式を強調したが、次に自己というものも関係として規定されることを論じよう。そのために、まずキルケゴールの有名な定式を取り上げることにする。彼の定式は次のようなものである。

人間は精神である。だが、精神とは何か。精神とは自己である。だが、自己とは何か。自己とは、自分自身に関係しているところの、一つの関係であり、言い換えれば、その関係における、その関係が自分自身に関係していることである。自己とは、その関係なのではなくて、その関係が自分自身に関係していることである。(7)

ここで言われている「精神」は、身体に対置された心ではなく、心身の綜合態としての自己のことである。換言すれば、自分が心身の綜合だということを自覚しつつ自らに関係する動きそのものが「自己」なのである。この考え方は、現代の心の哲学者たちがデカルト的心身二元論を批判する観点とは少し違う。キルケゴールは実体的自己観を実存的自己観で乗り越えようとしているのである。実存（Existenz）とは、何かに関わる存在を意味する。つまり、それは現にある自分を抜け出して新たな自分を創造して行く生の動態である。それゆえ、それはまた脱自-存（Ek-sistenz）とも呼ばれる。(8)

自己が関係だということは、モノ的世界観を脱してコト的世界観に目を開かせる。つまり、自己はどこか或る所にモノのように存在するのではなく、自覚というコトの動態そのものなのである。それゆえ、それは空間の中の一つの点を占める実体ではなく、二つ以上の点が相互に関わる動きそのものである。自己に関係の深い身体器官は脳であるが、自己は、脳の中の特定の部位に定置されるものではなく、脳というシステムが身体と環境、ならびに他の脳と関係を切り結ぶ際に現れてくる一つの機能である。脳は情報処理の器官であるが、それ単独では自己を生み出すことはできず、他の脳と情報交換して初めて自己意識を創発せしめるのである。要するに、他者との出会いなしには自己は生じないのである。その意味で、自己は社会的生命の体現者である。

ところで人間の脳相互間の情報交換、つまりコミュニケーションは、主に言語によってなされるが、より原初的なコミュニケーションの形態は身振り（gesture）であり、これは身体言語を意味する。その意味で、それは系統発生的により古い生命機能を表示している。この点に着目して自我の社会的創発を指摘したのはミードである。彼によれば、自我は実体ではなく、身振りによる会話が有機的個体の中に内面化された過程である。そのとき他者の社会的役割が自分の中へと移入され、それによって自己の社会的役割が自覚され、自己意識が成立するのである。彼の自我論はキルケゴールよりも、はるかに社会的次元を重視している。しかし、思考の骨格を両者は共有している（これはおそらくヘーゲルの影響によるものであろう）。たとえばミードの次のような言明に注意されたい。

意味は、社会的行為の一定の諸局面の間の関係として、そこに客観的に存在する何ものかの発展したものである。意味は、その行動への心的付加物でもなく、伝統的に考えられているような「観念」でもない。或る有機体の身振り、その身振りが初期の局面をなしている社会的行為の結果、その身振りに対する他の有機体の反応は、最初の有機体に対する身振りの関係、第二の有機体に対する身振りの関係、所与の社会的行為の引き続く諸局面と身振りの関係という三角、または三重の関係なのである。そして、この三重の関係が、意味が生じる母体、あるいは意味の領域に発展する母体を構成する。(9)

「意味（meaning）」はコミュニケーションにとって最も重要な契機の一つであるが、ミードは、これを内的観念とみなす立場を一切認めない。彼によれば、意味の発生の基盤は身体言語の介入による人間「関係」の成立である。そして、この関係の一つの極が自我であり、別の極が他者となる。それゆえ、意味という現象を介した自己意識の成立は、関係システムが自らに関係（すなわち自己言及）し、関係を自覚している個体の意識を生み出す、ということに等しい。要するに、最初に個別の意識があるのではなく、その創発基盤たる「関係システム」があるのだ。それは情報構造をもともともっている。それゆえ意味を生み出し、コミュニケーション環境を準備し、そこに参入する各人の意識を創発せしめるのである。

我々は自らの存在の意味を問い、生の意義に関心をもつ社会的生物である。こうした「意味」や「意義」にも「関係」という範疇は深いつながりをもっている。それは結局、自己関与というものが生命の関係性に根差したものだからである。そこで次に自我と生命の関係について論じることにしよう。

6　自我と生命

我々は他者との共同生活の中で、ふと我に返る。そして自らの生の意味を問いかける。この自問の基盤は、生命の関係性にある。つまり自己関与は、純粋自己触発によって立ち上がるのではなく、他者との関係性が一つの極である自己へと折り返すことによって可能となるのである。そのとき「私はなぜ生きているのだろうか」という問いは、「彼はなぜ生きているのだろうか」という問いと表裏一体のものとして理解される。なぜなら私は彼との関係なしには私でありえないからである。自己意識の成立には生命の関係性が寄与する。換言すれば、自覚の構造に生命の関係性が反映するのである。

自我と生命の関係を把握するためには、第三項として社会というものを置いた方がよい。人間の社会は、もともと生物の群生から派生したもの、ないしそれが高度化したものである。それゆえそこには生命の維持機構が成立している。我々は、生命の本質を問う際、個体の生命維持機構に着目しがちである。つまり個体内のＤＮＡや細胞や生理システムに定位して生命の本質を問うというのが定石となっている。しかし、それによって明らかとなるのは、所詮メカニズムや機能にすぎず、本質には届かない。もちろん生命の本質には、分子生物学的要素も基盤として含まれるが、それで十分というわけではない。生態的要因を無視することはできないのである。そして社会的次元は、まさに生態的要因として生命の本質に深く関与するのである。また自我の本質も社会に根差している。

ところで、社会はシステムであり、実体ではない。自我を実体とみなす考え方は古くからあったし、現代にもその考え方はまだ残存している。また生命も、自我ほどではないが実体的存在として捉えられがちであった。この傾向は生気論において顕著であり、その極端なものは、生気（vital spirit）を独立実体として身体から切り離しうると主張する。ちなみに生気論に対するアンチテーゼとしての機械論にも実体的存在論は侵食している。これに気づいて両立場の対立を乗り越えようとしたのが、有機体論ないしシステム論的生命観であることは、よく知られている。[10] ただし初期のシステム論的生命観には自我や自己意識の問題を取り入れる準備がなかった。その後、進化したシステム論としてのオートポイエーシス理論が、それらを論じる基盤を整えたことは周知のことであろう。とりわけフランシスコ・ヴァレラの思想は重要である。[11]

ちなみにオートポイエーシス理論では、神経システムが自己閉鎖的に作動するとみなされているが、筆者はそれには賛成しない。神経システムは世界と他者に対して開かれている、と筆者は思う。それは自らの作動領域を自己閉鎖的に形成する前に、既に世界の意味連関の中に入り込んでしまっている。この考え方は生命の関係性の観点ともうまく合致する。情報システムとしての脳は、コミュニケーションによってその機能が賦活される。つまりそれは高度の可塑性を備えているのである。この可塑性は自己閉鎖的なものではありえない。脳は見えない神経線維を環境世界に向けて張り渡し、それによって自己閉鎖性を乗り越えている、と比喩的に表現したとしても決して荒唐無稽ではない。我々の言語や身振りは、見えない神経線維の役割を果たしているのである。それらは配線によってではなく規則によって構成されたソフトウェアである。さらに社会という情報基盤がこれに加わる。こうした背景を伴って、脳は自我を生み出し、生命を統制するのである。

ハイデガーやメルロ＝ポンティが人間を世界－内－存在（脱自的実存）とみなし、内面的自己を後発のものとして格下げしたことは、よく知られている。筆者は、この観点に強い示唆を受けた。「私は生かされて生きているのだ」という表現は或る種の人々が好んで使うものだが、世界‐内‐存在という概念は、この表現に存在論的深みを与えてくれるように思われる。自己意識は、作動し始めるとき、自己が世界から切り離された内面に置かれていると錯覚するが、脱自的実存という観点は、それをばっさりと斬り捨てる。これが主観―客観図式の乗り越えにつながるのは言うまでもない。実際ハイデガーとメルロ＝ポンティは、その図式を乗り越えようとした。また既述のように、ジェームズも純粋経験という概念を提出し、その乗り越えに寄与した。さらにデューイは、経験と自然の有機的結合を主張することによって、その姿勢を深化させた。彼の言うように、経験と自然は切っても切り離せない関係にある。我々の意識に直接与えられるものは、世界から切り離された私秘的なイメージではなく、身体感覚を常に伴った自然的事象である。そして、この「身体感覚を伴っている」という契機が、経験の生命性を示唆し、自我の自然的存在論に目を開かせるのである。

我々が、乳児から幼児へと成長する時期に獲得する自己意識の基盤は、養育者との身体的触れ合いによって準備されたものであり、自分の内省能力によって構成したものではない。しかし、内省能力を獲得した少年期以後に初めて回顧される幼児期の経験は、既に加工が施されてしまっている。つまり、身体的自然の無意識性という要素が剥奪されて、表象内容に貶められているのである。これでは原初的経験のもつ生命性が捉えられるわけがない。

ところで、こうした考え方には当然反論がある。「あなたは、いかなる権利をもって無意識的な原初的自我体験を獲得した過程を論じることができるのか」というのがそれである。こうした反論をする者は、たいてい動物の心を知ることなどできないと主張し、必要以上に他者の心の不可知性を強調したがる。素直に発達心理学者の研究結果や親の報告を信じればよいだけなのである。メルロ＝ポンティは難なく発達心理学者の客観的意見を受け入れたし、ハイデガーは生物学者ユクスキュルから世界‐内‐存在の概念の着想を得ている。ユクスキュルは生物が見ている世界を実際に描いて見せた[12]。それは完全な再現から程遠いとはいえ、単に人間の観点から強引に捏造したものと言うこともまたできない。そう言いたがる人は、不毛な懐疑に身をやつした独我論者であり、権利問題の原理に取り憑かれている。彼には、次の問いが返されるべきである。「あなたは自分の生年月日をどのようにして知りましたか。それを明証的な理性の目で直接確かめましたか」と。これは原理的に不可能である。しかし、このことはなかなか気づかれない。そこで独我論者の権利要求は際限なく続くのである。

「私は生かされて生きている」という視点は、こういう瑣末な点にまで表れてくる。私の自覚作用すらも私自身が生み出したものではなく、他者や社会の恩恵によるものなのである。また我々に、自らの生命を捨ててまで惜しみなく栄養を供給してくれる植物や動物にも感謝しなければならない。「我思う、ゆえに我在り」というのは完全に間違いであり、「我食らう、ゆえに我在り」に訂正されるべきである。そうした謙虚な自然主義的態度が、「私は生かされて生きている」という実感をますます深め、自我と生命の関係に目を開かせてくれるのである。

結局、自我と生命の相即性を捉えることは、独我論を克服することにつながる。独我論は倫理的に弊害がある以前に自然からの離反という問題を抱えている。独我論者は、自我の本質を「考える我」に求めたがるが、より基底的なのは「感じる我」「動く我」「食らう我」の方である。これらはみな身体と密着している。というより身体そのものである。それゆえ生命と相即している。アリストテレスが構想した心＝生命の思想圏では、栄養摂取能力が心の基底層に置かれている。そこで植物にも心の片鱗が認められるわけである。人間も植物状態になると、発話と運動能力と思考能力が失われる。それゆえ通常人に帰せられる自我と意識を伴った「心」が失われているように見える。しかし彼は、生きている。植物状態から回復し、通常の認知機能を回復した例は少なからずある。また、回復できずに植物状態のままベッドに横たわっているだけであっても、彼の存在を蔑ろにすることはできない。なぜなら彼は生きているから。生きているということは心をもっているに等しい。たとえ彼が話さなくても、また意識機能を発揮しなくても、我々は彼に生命の尊厳を認める。それだけで彼が心をもっていることの十分な証拠である。彼が立ち上がって「私には意識がある。思考能力がある。それゆえ心をもっている」と宣言する必要などないのである。

独我論はまた心身二元論と表裏一体の関係にある。自我と生命の関係を捉えるためには心身二元論をぜひとも克服しなければならない。しかし通常の心身問題の立て方では自我と生命の関係把握には役立たない。心と身体が本来別のものであるか、それとも一つであるか、という問い方自体を反省しなければならないのである。アリストテレスは既に言っていた。「心と身体は一つであるかという問題を立てて探究すべきではない。それはちょうど蜜蠟と印形が一つであるか、一般的に言えば、個々のものの質料と、その質料をもつものが一つであるかどうかを探究すべきないのと同じである(13)」。

アリストテレスによると、心とは「可能的に生命をもつ自然的物体の第一の終局態《エンテレケイア》」である。つまり身体は心という目的《テロス》を目指して組成される自然の産物だというわけだ。こうした考え方から、自我や意識の本質を捉えようとするとどうなるであろうか。おそらくデカルトのように「考える我」を身体から切り離して考えるような姿勢は生じないであろう。そもそも身体から切り離された自我といったものに何か意味があるだろうか。ただ、そういった観念にはまってしまう悪い癖が人間に備わっているだけなのではなかろうか。まさに「はまってしまう」のである。そして社会性を失った空虚な思弁にうつつをぬかし、「唯一無比の私」という観念のとりこになってしまう。

自我は他者の人格を尊重することの中で育まれる。その際、身体言語を介した生命の触れ合いが重要な契機となる。それゆえ炉部屋にこもって瞑想するよりは社会福祉の実践に参与した方が、自我の生命的本質を捉えるためにははるかに有益なのである。

7　光あるうち光の中を歩め

我々の生命は太陽から発せられる光のエネルギーに多大の恩恵を被っている。光は電磁波の一種で、我々の目から感受されるだけではなく皮膚からも受容される。それは神経を刺激し、心を照らし、意識を拡張し、自我を育む。我々の生命感情の高揚と自我の充実感は、太陽の光に包まれたとき最高潮に達する。とりわけ東の空から射し込む朝日はすがすがしい。また夕焼けの印象深い色合いも心に沁みる。さらに、五月や一〇月のよく晴れた日の昼下がりの太陽光は爽快そのものであり、意識を透明にし、自我を自然に向けて放散させる力をもっている。

筆者は郭公《かっこう》の声が好きだ。それは初夏の訪れとともに、光に煙る草原を貫いて心に響き渡る。郭公《かっこう》の声は高く、遠くからでも、よく透る。初夏の柔らかな光に包まれながら聴くその声は、朦朧とした距離感の中で、自我と自然の隔壁を取り払い、両者を混交させる。そのとき筆者は思うのである。「光あるうち光の中を歩め」と。

光の反対は闇である。また光が遮られたところには影ができる。心が陰り意識に暗雲が立ちこめると、自我は萎縮し生命感情は低迷する。しかし朝の来ない夜はない。暗闇の中に一条の光が射し込んだら、それを逃してはならない。

冬の昼下がりの陽だまりもまた心地よいものである。それは夏のぎらぎらした日差しにはない優しさに包まれている。あるいは、梅雨《つゆ》の頃に咲く紫陽花《あじさい》は、よく晴れた日よりも曇りや雨の日の方が映える。とりわけ雨露にぬれた藤紫《ふじむらさき》色の花びらには風情がある。

梅雨《つゆ》の頃の夕方、雨が止みそうな気配を察知して、散歩に出ることがある。そのうち雲の合間から薄日が射し込み、西の空に淡い夕焼けが広がり始めたかと思うと、反対の方に虹の橋ができている。雨上がりの虹。素朴だが、格別である。そこには闇のうちに秘められていた希望の光がある。虹を呼ぶ心と生命の哲学。それを筆者は希求して止まない。

注

（1）Aristoteles, *De Anima*, 415b8-15（桑子敏雄訳『心とは何か』講談社学術文庫、二〇〇五年、八九ページを参照）
（2）Aristoteles, *op. cit.*, 412a4（邦訳、七〇ページ）
（3）西村ユミ「交流をかたちづくるもの——日常性の裂け目から——」（中村雄二郎・木村敏『講座・生命』第六巻、河合文化教育研究所、二〇〇二年、二〇五—二三六ページ）を参照。
（4）H・ベルクソン『創造的進化』真方敬道訳、岩波文庫、一九九〇年、「意識と生命」渡辺義教訳（『世界の名著53・ベルクソン』中央公論社、一九六九年）を参照。
（5）メルロ＝ポンティ『行動の構造』一九三ページ以下を参照。
（6）この点に関しては、清水博『生命と場所』ＮＴＴ出版、一九九二年を参照。
（7）S・キルケゴール『死にいたる病』一四ページ
（8）Vgl. M. Heidegger, *Über den Humanismus*, V. Klostermann, Frankfurt a. M. 1981
（9）G. H. Mead, *Mind, Self and Society: from the Standpoint of a Social Behaviorist*, p. 76（邦訳、九八ページ以下）
（10）その代表として次の文献を挙げておく。L・v・ベルタランフィ『生命——有機体論の考察——』長野敬・飯島衛訳、みすず書房、一九八五年
（11）U・マトゥラーナ／F・ヴァレラ『知恵の樹』管啓次郎訳、ちくま学芸文庫、二〇〇一年、F・ヴァレラ『身体化された心』、F. Varela, Neurophenomenology: A Methodological Remedy for the Hard Problem, *Journal of Consciousness Studies* 3, No. 4,1996, pp. 330-349 などを参照。
（12）J・v・ユクスキュル『生物から見た世界』日高敏隆・野田保之訳、新思索社、一九九五年を参照。
（13）Aristoteles, *op. cit.*, 412b6-9（邦訳、七二ページ）

第Ⅳ部

生命・時空・意識

第9章　自我を意識する生命

はじめに

これまで本書で何度も触れてきたように、生命の本質を問う仕方は多様である。主流をなすのは分子生物学的探究であるが、生活や人生という領域も視野に入れると、自我や意識の問題を無視できなくなる。第Ⅲ部では自我と生命の関係を論じたが、ここでは生命を主格にもってきて、自我を目的格にし、意識を動詞として理解してみよう。つまり「生命が自我を意識する」という事態に着目して、生命の本質への問いの新たな局面を切り開こうと思うのである。その際「生命」は「自我を意識する」という働きを中核とするものとして理解される。

生命あるものはすべて自己関与性をもっている。そして、この自己関与性が複雑さを極め高度の質を獲得すると、意識の機能を生み出すことになる。これは「生命が意識的自我を創発せしめる」と言い慣わされている事態である。しかるに生命自体も有機分子の複合体としての物質系から創発したものである。そこで生理学的物質系と生命と意識的自我の間には創発の階層が成り立っていることになる。創発の現象に必然的に伴うのは、上位の秩序が下位の秩序を必須の基盤としつつも、それに還元されえない新しい特性をもつということである。つまり生理学的物質系と生命の間には質的な飛躍があるし、生命と意識的自我の間にもそれがあるのだ。

我々は、この質的な飛躍に着目しなければならない。また生命をＤＮＡや細胞の働きに還元しないで理解するためには、それのもつ「自我を意識する」機能に着目しなければならない。これが意味するのは、生命と意識的自我の間に断絶があるということではなく（質的飛躍は断絶ではない）、還元主義的生命理解を打破するために両者の関係が問われるべきだということである。つまり、「自我を意識する」という機能が生理学的物質系に対する生命の創発性を示唆するのだから、それに焦点を当てて生命と意識的自我の関係を考察すべきだと我々は言いたいのである。

この考察はおそらく心脳問題の解決にフィードバックされるであろう。なぜなら脳という中枢神経システムは、有機物質系の自己関与性が形質発現（具現化）したものであり、そのシステム特性は意識的自我の特性とオーバーラップするからである。

生命は優れて自己組織的で自己創出的な自律的システムである。そして、このシステム特性が意識的自我を生み出すのである。その際意識がどのようにして創発し、自我がいかにして極として結晶化するかを解明しなければならない。それによって生命のもつ心的性質、ならびに意識や自我のもつ生命的特性が同時に照明されるであろう。

1　生命の自己関与性

「生命」はそれ自体で独立自存する実体ではなく、環境の中で生きる有機体の存在様式ないし機能である。それゆえ、生命の本質を非物質的な「生気」という一種の実体に基づけて理解しようとした生気論は、経験科学的に間違っていたというよりも存在論的な誤謬を犯していたのである。こうした誤謬の先例は、燃焼の原因を「燃素

（phlogiston）」という架空の物質に求め、熱の原因を「熱素（caloric）」というこれまた架空の物質に求めた、古い時代の物理科学の思考法である。生気論は、燃素説や熱素説と違い、物質的実体に依拠しようとはしなかったが、本来「機能」であるべきものを「実体」ないし「存在者」として理解しようとした点では、燃素説や熱素説と同じ轍を踏んでいる。つまり、どちらも存在論的基礎がなっていなかったのである。経験科学の基礎には哲学的な存在論と認識論が必要であり、それなしには経験的探究は舵をなくした手漕ぎ船になってしまう[1]。

ところで、今日主流をなしている分子生物学的生命理解は、燃素説や熱素説と同種の誤りを犯している可能性はないだろうか。確かにＤＮＡは、燃素や熱素と違って、架空の物質ではなく、実在する高分子である。しかし、クローン技術の鮮烈さに幻惑されたＤＮＡ還元主義は、生命が本来もっている過程的性質やダイナミックでシステマティックな機能を見失っているという点では、存在論的に不十分なのは明白である。ワトソンとクリックによるＤＮＡの分子構造の確認以後急速に普及したＤＮＡセントラルドグマが、その後修正され、ほとんど否定されるに至った経緯はこのことを裏づけている。ＤＮＡセントラルドグマというのは、先天的ＤＮＡ→メッセンジャーＲＮＡ→タンパク質の合成（形質発現）というボトムアップ的方向しか認めないもので、これを極端に推し進めると遺伝子決定論という生命観に帰着する。つまりこのドグマは完全に還元主義的である。ところが、いつしか環境からの情報入力や生命体全体のシステムの状態がトップダウン的にＤＮＡの働きを制御することが分かってきた。これは受容体を介した細胞の内部における複雑なシグナルカスケードによって可能となっているのだが、その詳細が解明されたのである。そこで現在主流となっているのは、遺伝子と環境の相互作用に基礎を置いたシステム論的な生命科学の思考法である。簡単に言うと、「遺伝か環境か」「氏か育ちか」という二者択一は否定され、「遺伝も環境も」「氏・育ちの両方が」というハイブリッドな立場が優位を占めているのである。

遺伝子と環境の相互作用は、生命と意識的自我の間の創発関係を把握するためのキーポイントとなる。環境の中で生きる人間の意識の働きと自我の形成は、生命の物質的基盤たる遺伝子ＤＮＡが環境からの情報入力によって可塑的に形質発現を営むことにその創発基盤を有している。そこで、物質と精神の媒体として理解されるのが慣わしの生命は、その情報システムとしての性格を意識的自我に反映させているという事態に注目すべきなのである。その際「生命」は名詞的にではなく動詞的に受け取られなければならない。つまり「生命」は、どこか或る所に在る実体ないし存在者ではなく、「環境の中で生きる」という存在（在ること）の動態として理解されるべきなのである。そして意識的自我は、人間個体が環境の中で生きる過程の中で生まれてくる。こうしたことを考慮して、「生命は自我を意識する」という事態を理解しなければならない。言葉を換えて言おう。環境の中で他者や自然的事物や社会的事象に関わりつつ生きている人間個体は、認知機能を働かせつつ意識の視界を環境に向けて投げ渡しているが、それを遂行しているのはまさに私本人であるという明確な自覚をもっている。これが「生命は自我を意識する」ということなのである。

ちなみに「自我」は有機体が生命を維持するために必須の一種の道具と理解することもできる。それはまた生存のための認知活動の中枢でもある。その意味で、それは目的論的性格を有している。つまり人間は生存のために自我を必要としたのである。自殺が自我の放棄であることは、これを裏づけている。確かに、自殺を遂行するのも自我なので、自我は生命の維持に対する危険因子であるという見解も成り立ちうるが、そうした自我は自意識過剰の自我であり、環境との有機的連関から疎外されたものとみなされるがゆえに除外してかまわない。

前述のようにサールは、生存のために植物が光合成を必要とするのと同様に人間は意識を必要とする、と考える。つまり彼にとって人間の意識は生命の本質の発現であり、生存という目的に仕えるものである。しかし彼は意識と生命の関係の詳細を全く説明していない。そこで筆者は「生命」を「環境の中で生きること」として動詞的に捉え直し、その「生きる」営みが、情報処理的認知活動を伴いつつ自己言及する際に意識的自我が発現する、ということに着目して、その詳細を捉えようと思ったのである。こうした観点をとると、還元的唯物論と二元論の双方を否定しつつ、中道的な生命論を構築することができる。その先駆的形態は有機体論やシステム論に既に見られるが、意識的自我との明確な関係を抉り出すというのが筆者の狙いである。

一般に、唯物論的生命観をもつ者は意識的自我を生命の構成要素として認めようとしない。他方、精神主義的生命観の信奉者はＤＮＡや細胞の働きなどの生理学的物質要素を重視しない。というよりほとんど無視する。古来、多くの哲学者が精神と物質の中間に位置する生命の本質を捉えようとしてきたが、それを十全に達成できた者はいない。意識と生命の関係を最も熟考したと言えるベルクソンも結局は唯心論的方向へと逸脱してしまった。彼の影響を受けた人々の多くは生理学的物質性を二次的なものへと格下げする。彼らに欠けているのは「生命体内の物質的組成に見られる心的要素」である。二元論者にとって、これが矛盾概念なのは明白である。しかし二元論はそれ自体が矛盾した立場なので、その意見を斟酌する必要などない。我々が着目すべきなのは創発主義とシステム論的観点である。こうした立場は精神と物質を二元論的に分割することがない。そして、その視点を出発点に据えているので、物理的プロセスや物質的組成のうちに心的要素ないしその萌芽（創発基盤）を見出そうとする姿勢を頭ごなしに否定することが決してない。それに対して二元論者は、それを頭ごなしに否定するから、いつまでたっても心的物質や物質的心という領域に目を開くことができない。ベルクソンもその傾向が強かったが、彼の影響を受けた者の一人であるメルロ＝ポンティは、二元論を決して認めないので、この先輩と同じ轍を踏むことはなかった。メルロ＝ポンティは人間を基本的に世界内存在として捉え、身体性を重視する観点から、生命や意識を環境世界へと関わる人間存在の在り方として理解した[2]。こうした姿勢からすれば生命と意識は表裏一体のものとしてうまく捉えられる。そしてその際重要な媒体の役割を果たすのが「世界‐内‐存在」という概念なのである。これを彼はハイデガーから継承した。ちなみにハイデガーは、この概念を生物学者のユクスキュルの機能環（Funktionskreis）の考え方に基づいて作ったのである。(3)

「世界－内－存在（In-der-Welt-Sein）」というものは、もともと主観と客観、心の内部と外部という通俗的図式を打ち破るために作られた概念である。それは必然的に精神と物質の二元分割の克服につながる。メルロ＝ポンティが神経学や生理学や心理学や物理学のデータを駆使して、この克服のための手順を示したことは有名だが、ハイデガーも生物学の基礎を論じたり医者と対話したりしつつ、この克服に寄与しようとしたことは銘記すべきである。筆者は、この二人の観点を取り入れて、生命の自己関与性を捉え、そこから生命と意識的自我の関係を抉り出すという方途を見出した。

生命を「環境の中で生きること」として捉え、意識を「身体性を介した環境への関与」として理解し、そうした意識の働きを「生存という目的に奉仕するもの」として把握すること、これが筆者の基本的観点である。さらにこれに情報論的視点とシステム論的思考法が加味される。つまり、ＤＮＡに刻印された先天的情報が形質発現したのが人間の有機体なのだが、それが今度は後天的に環境からの情報入力を処理しつつ、有機体内の生理的ならびに情報的システムを自己組織化するのである。その際、中枢神経系、とりわけ脳が重要な役割を果たすことは言うまでもない。この点に関しては、ジェームズ以来のアメリカの神経哲学の視点を参照している。

「生命が自我を意識する」というのは、まさにＤＮＡが形質発現した情報的物質システムとしての人間有機体が、環境への関わりの中で情報処理の中枢を自己参照することである。その自己参照は自覚クオリアをまとっていることが多いし、ときにそのクオリアは鮮烈さを極めることがあるで、純粋に心理学的ないし現象論的に解釈されうるのである。しかし、それが情報的物質システムから創発した現象であることを忘れてはならない。この点の理解に関しては創発的マテリアリズムの観点が有益である。とはいえ心理的ないし人生論的次元を軽視する必要はない。そうした次元や現象が生命のシステム論的性質から創発してくることを銘記していれば何の問題もないのである。

そして生命と意識的自我の関係を鮮烈に示すのは、こうした現象である。そこで次に、それに焦点を当ててみよう。

2　生命と意識的自我のクオリア

クオリアとは意識に現れる感覚の質である。生命が自我を意識するときにはクオリアが必ず付随する。しかも諸々のクオリアの中で最も質的に深く濃いものが現れる。その印象深さは、感受者に「なぜそもそも私は存在していて無ではないのか」という問いを喚起せしめる。多くの哲学者や芸術家、そして一部の科学者が、この問いに魅了されたことを告白している。この問いは生命と意識的自我の相即性を示唆しているのである。

クオリアは視覚、聴覚、嗅覚、味覚、触覚などの、直接対象として現れるものに関わる感覚作用によって喚起されることが多いが、それだけではない。志向性を伴ったものとして意味や意義にも関わるのである。「バラの花の鮮烈な赤」「モーツァルトの美しい調べ」「松茸の香り」「キリン一番搾りの味」「ビロードの触感」などの感覚質は、それを惹起する対象によって内容がほぼ規定される。つまり対象→感受者という方向性が支配的である。もちろん感受者の意識や体調、あるいは趣味趣向によって感覚の質が変容をきたすことは間々あるが、基本的な方向性は対象→感受者である。それに対して、関心が外部の対象から内面的自己に向け換えられたときの意識的感覚質（つまり自覚クオリア）はかなり印象が違ってくる。自己の存在の意味や自分の生の意義への関心がにわかに立ち上がってくるのである。そのとき意識の志向性は外部の対象にではなく、自らの存在（在ること）ないし生命（生きていること）に向かう。ところが自己の存在や生命は決して単純な意味での「対象」ではない。それはまた意識の内部の表象内容でもない。それゆえ自覚クオリアは、外部の物的対象からも内部の心的表象内容（これもまた一種の物であり対象である）からも直接惹起されることはない。つまり内部にであれ外部にであれ対象として在るものから直接引き起こされるものではないのである。これこそ自覚クオリアが他の諸々の感覚質と異なるゆえんである。

もちろん自覚クオリアが視覚や味覚などの一次的感覚内容によって修飾され、それに影響されることはある。つまり、自己への関心が深まって行く際の触発因子としてそれらが働くのである。それを見事に描き出しているのはプルーストの『失われた時を求めて』の有名な箇所である。そこでは主人公である「私」が、菩提樹のお茶にひたしたマドレーヌを食べたとき突如鮮烈に蘇ってきた記憶が印象深く描かれている。「私」の記憶を呼びさましたのは菩提樹のお茶にひたしたマドレーヌの匂いと味ないし両者の混合的クオリアであった。

筆者はこれまでに多くの文学作品に親しんできたが、意識的自我の生とクオリアの関係をこれほど印象深く描いたものをほかに知らない。それはまた時間と自我、記憶と自己という周知の哲学的問題にも深く切り込むものである。しかもプルーストの文学的叙述は、クオリアを描き出す力において、哲学者の理論的叙述を凌駕しているところがある。心の哲学は、彼の叙述法から学ぶべきものが多いのではないだろうか。ホワイトヘッドやハイデガーは実際、文学作品に描かれた自然のクオリアを高く評価した。また生の体験内容を忠実に記述し、その本質を看取するためには小説家や詩人の特異な能力は大きな援助となる。

それはともあれ、プルーストから学ぶべきなのは、自覚クオリアと記憶の密接な関係に食い入ることである。また彼は、意識と無意識の表裏一体関係を自我と記憶という問題設定の中に密かに滑り込ませている。たとえば次の文章などはそれを象徴する一例であろう。

過去を喚起しようと努めるのは空しい労力であり、我々の理知のあらゆる努力は無駄である。過去は理知の領域の外、その力の及ばないところで、何か思いがけない物質の中に（そんな物質が与えてくれるであろう感覚の中に）隠されている。その物質に、我々が死ぬより前に出会うか、または出会わないかは、偶然によるのである。(4)

我々は自分の過去、とりわけ明確な自己意識が生じる以前の幼児期の記憶を純粋な知力によって呼び起こすことはできない。想い出し再現されたかのように思われた記憶内容は、たいていが現在の意識によって捏造された贋物である。とりわけ過去に直接体験されたクオリアの再現は難しい。しかし、偶然の機会に無意識の認知能力によって、記憶は鮮烈なクオリアを伴って蘇るのである。これは自己の意識的回想能力によって無理やり記憶を蘇らせようという意志を緩め、無意識的要素を素直に認めることの重要性を示唆する。自己の存在や生命の意味は、意識による理論的構成によっては十分捉えられない、ということに目を開くことが肝要である。

ここで「生命が自我を意識する」という事態の意味が改めて照明される。生命は本来、意識によって理論的によって構成された観念ではなく、それに先立つ身体的自然現象である。それは概ね無意識的情動によって支配されている。また、それは個体のものでありつつ個を超えた側面をもっている。この点でも矮小な意識的観念の枠には収まりきれない。そうしたものとしての生命が自我を意識する瞬間は、まさしくプルーストが描き出したような種類のものであろう。そのとき、問い求められていた「生命の意味」が生命そのものによって返し与えられるという事態が生じてくる。これは小さな生命と大いなる生命、小我と大我の間の循環的相即関係の顕現である。見出された生命ないし存在の意味は「小さな私を乗り越える」ということだったのである。

我々の「生きているという実感」は自己意識と密接な関係をもっている。「生きているという実感」は生命感覚と言い換えてもよいが、この生命感覚は身体の運動と他者との共存（コミュニケーション）ならびに環境への関与と深く関係しており、それらから切っても切り離せない。生命のクオリアと意識的自我のクオリアは、こうした生命感覚を共通の根として生じる現象である。それゆえ両者は表裏一体の関係にあり、相互嵌入的である。生命の質感は自我の質感に反映するし、その逆も成り立つ。換言すれば、「自我の質感を欠いた生命」や「生命の質感を欠いた自我」はいずれも空虚であり、実感がないものとなる。ただし生命も自我も意識によって観念的に捉えきれるものではない。このことは銘記されるべきである。

生命はまた存在ということとも深く関係している。そして両者を媒介するものとして死へと関わる有限性の意識というものがある。そこで次にそれについて考えてみよう。

3 生命・死・存在

自己意識は、「私は私である」「私は存在している」という自覚を核としている。その「私」は死すべきものとして一回限りの人生を享受している。つまり我々各人は死へとさしかけられた有限な時間的存在者である。「存在の意味は時間である」とはハイデガーの名言だが、それはそのまま生命にも当てはまる。つまり生命の意味は時間である。そして意識を構成する最も重要な要素は時間の流れ、ないし時間性である。そして、この意識の時間性を介して生命と存在の一体性が明らかとなる。

「生きている」ということは、DNAが形質発現して生理的有機体システムを存続させていることには尽きない。それには生きていることを自覚する意識的エージェントが深く関与する。つまり、分子生物学や生理学が解明するのは生命のメカニカルな側面に尽きるのに対して、意識的エージェントの関与は生命の意味と質を創発せしめるのである。ただし、このエージェントは生理学的物質性から切り離された精神的存在ではない。それは脳という中枢神経系が創発せしめるシステム特性なのである。その際、脳は身体に有機統合されたものとして理解されなければならない。また、そうした理解からすれば、意識的エージェントは身体性を重要な構成契機としていることが即座に認められる。しかも、その身体性は、メルロ＝ポンティが言うように、世界内属的である。

「環境の中で生きる」ということは「社会の中で生きる」ということでもあり、必然的に他者の生命に関わることなる。我々が「死」というものを経験するのは、さしあたって他者のそれを介してであり、その経験を通して自らの有限性を自覚し、自己ならびに他者の生命の意味や尊厳を認識するのである。「死」は一見、他人によって代理してもらえないものとして切実な個人的出来事のように思われるが、実は他者との共有財産である。このことを理解する糸口は、自然界の摂理と社会の仕組みにある。すべての生物が不死だとしたら自然界はそのうち「生物」そのものを葬り去ってしまうであろう。弱肉強食や食物連鎖や世代交代という現象はみな、個体の死が全体としての生態系を存続せしめていることを示している。つまり個々の小さな生命の喪失が大いなる生命の存続に還元されるのである。

しかし人間個々人の意識というものは、あくまで「私の切実な死」と「自己の生命のかけがえのなさ」にこだわる。これを、フォイエルバッハやマルクスがしたように、種的存在や社会的意識へと解消してしまうのも一つの方途であろうが、それではあまりに粗雑だとも言える。多くの人がそれでは満足しないであろう。さりとて主観性の過剰信奉者のように、個人の意識を全宇宙の中心にもってくることには幼児性を感じ、苦笑せざるをえない。それでは、「私の切実な死」と「自己の生命の尊厳」を、満足できる形で生命共同体へと止揚するためには、どのような方途が望ましいであろうか。それは意識と存在、思考と存在の関係を再考して、そこから生命の意味を捉え直すことである。

デカルトは「我思う、ゆえに我在り」と言ったが、これは反転されるべきである。つまり「我在る、ゆえに我思う」の方が限りなく真実に近い。存在は思考や意識に先立つのである。「我在り」の存在意味は、意識によって超越論的に構成されうるものではなく、自然的ならびに社会的環境から返し与えられるものなのである。そうした環境の中で他者や動物や社会制度や自然事物と関わりつつ我々は自己の存在を認知し意識を発動させる。しかし永遠に存在するわけではない。いずれは無に帰するのである。存在から無への転化は生命の停止、つまり死である。ここで存在と生命の関係が顕わとなる。人間の存在は無機物や明確な自己意識を欠く下等生物のそれと違って意識的自己関与性を伴っている。存在の意識的自己関与性は「実存」と呼ばれるのが慣わしであるが、それを「生命」と言い換えてもさしつかえない。

「私はいつか死ぬ」。この事実は確かに切実であり、救いようのない焦燥に人々を追いやる。しかし「私の死」は、実は人類全体や生態系の存続に寄与する。つまり小さな生命の終焉は、大いなる生命の存続へと還元されるのである。これは、前述のように、負の負が正になる（−（−1）＝1）プロセスを体現している。しかし意識内在的主観性（独我論）の立場からは、この真実が見えてこない。そこで意識の転換が要求される。つまり主観性の観点をエポケーして自然の豊饒性へと還帰するよう意識の自己変革を起こすのである。

意識的主観性は無意識的認知機能と身体的自然に包まれた駄々っ子の一種である。その意味でそれは心的機能の一面にすぎず、本来心的機能の全般に反映すべきものとしての存在と生命の全容を捉えることはとうていできない。しかしそれにもかかわらず意識的主観性はやはり重要であり無視できない。そこでもしその働きを有益なものにしたいならば、その限界をわきまえて、無意識的認知機能と身体的自然からのフィードバックに身を開くことが肝要である。死ないし有限性の意識というものは、当事者がそれを真摯に受け止めるならば、意識的主観性を生命の豊饒なる海へと根づかせる最高の契機となる。その契機を介して自己の存在の意味は、生命的含蓄をまとって顕現してくるであろう。

4　時空の外へ？

古来、永遠の生命を求める者は、みな現世の時間と空間を乗り越えようとしてきた。その乗り越え方は多種多様であるが、通俗的超越を志向したものが多く、筆者としては辟易の感を拭えない。そうした中でウィトゲンシュタインの次の言葉は含蓄が深い。

人間の魂の時間的不死性、つまり魂が死後も生き続けること、もちろんそんな保証は全くない。しかしそれ以上に、たとえばそれが保証されたとしても、その想定は期待されている役目を全く果たさないのである。一体、私が永遠に生き続けたとして、それで謎が解けるとでも言うのだろうか。その永遠の生もまた、現在の生と何一つ変わらず謎に満ちたものではないのか。時間と空間のうちにある生の謎の解決は、時間と空間の外にある。(5)

西洋哲学の伝統において永遠は二つの意味で捉えられてきた。一つは終わりのない時間の持続（sempiternitas）という意味であり、もう一つは時間を超えた次元（aeternitas）という意味である。通俗的な意味での永遠は、たいてい前者を指している。あるいは、後者を詐称する前者の亜型である。それに対してウィトゲンシュタインの主張は、全く前者の意味を含まない、無時間的永遠性を示唆している。それは永遠性に関しては、確かに深い思想であろう。しかし時間と空間の意味は意外とおざなりに済まされているとは言えないだろうか。時間と空間に関しても通俗的理解と根源的解釈の区別が成り立つのである。特に、彼も問題としている生（Leben）の時間性と空間性に関しては熟考が必要である。彼は「世界と生は一つである」と言いながらも、ハイデガーやメルロ＝ポンティのように時間と空間について深く考えることはなかった。

魂の不死性というものは確かに興味深い事柄ではある。しかし生の謎の解決は、そのようなものをもち出さなくても、時間・空間に関する思索を深めることによって可能となる。それゆえ「時間と空間の外」をひたすら志向するウィトゲンシュタインの方策には賛同しかねる。

失われた自己の存在と生命の意味、それは時間と空間の深い意味を通して顕わとなるであろう。その際、意識的自我の自然的本性も同時に明らかとなるのである。そこで次章では、それを論じることにしよう。

注

（1）チャーチランド夫妻は燃素説と熱素説の存在論的誤謬を繰り返し取り上げ、それをもって生気説ならびに意識の非物理主義的解釈の批判の論拠としている（Cf. P. S. Churchland, *Brain-Wise: Studies in Neurophilosophy,* MIT Press, 2002, P. M. Churchland, *Matter and Consciousness,* MIT Press, 1999）。とはいえ、彼らの還元主義的理論は生命のダイナミックな性質には届かないように思われる。換言すれば、彼らにはホワイトヘッド的な有機体的物理理論が欠けている。意識や自我は確かに熱素や燃素のように架空の物質的実体と捉えられてはならないであろう。しかしそれは、彼らが考えるように、脳の物理的プロセスそのものではない。つまりそれに還元することはできない。それは、環境との有機的相互作用から創発するダイナミックな生命的機能なのである。

（2）メルロ＝ポンティ『知覚の現象学』（1・2）竹内芳郎他訳、みすず書房、一九八七年を参照。

（3）Vgl. M. Heidegger, *Die Grundbegriffe der Metaphysik,* Gesamtausgabe Bd. 29/30, V. Klostermann, Frankfurt a. M., 1983, A. Beelmann, *Heideggers hermeneutischer Lebensbegriff,* Königshausen & Neumann, Würzburg, 1994

（4）M・プルースト『失われた時を求めて・第一篇　スワン家のほうへ』井上究一郎訳、ちくま文庫、二〇〇三年、七四ページ

（5）L. Wittgenstein, *Tractatus Logico-Philosophicus,* Routledge & Kegan Paul, London, 1971, 6. 4312（野矢茂樹訳『論理哲学論考』岩波文庫、二〇〇四年を参照）

第10章　時間と空間

はじめに

時間と空間は森羅万象の根本的構成要素であるが、一般に物理的で客観的なものと心理的で主観的なものの二つに大きく分けられるのが慣わしとなっている。これは実在界を心的なもの（精神）と物的なもの（物質）に二分割する思考傾向を反映している。しかし、精神と物質の間に定置される現象もある。その代表が生命である。こうしたものとしての生命を規定する時間性と空間性は、いかなるものなのであろうか。それは人間的経験と意識にどのように関わってくるのか。これは熟考に値する問題である。

「生命」を名詞的にではなく動詞的に理解すべきことは前章で指摘した。つまり、環境の中で「生きること」としてそれを捉えなければならないのである。この「生きること」には内面への関わりとしての意識と外界への関与としての行為の両方が含まれる。しかもその際、両者は表裏一体のものとして機能している。純粋な内面性、内面性を欠いた客観性というのは、どちらも現実にはありえない。現実の生活は、内面が外面に反映し外面が内面に浸透する、有機的経験の場である。その意味で我々の生は、心的性質と物的性質の折衷から成っている。こうした生の時間性と空間性を意識的自我との関係において捉えることが我々にとっての根本課題である。

哲学史上、この問題の解決に寄与した三人の先駆者が存在した。それはイギリスのアレクサンダーとドイツのハイデガーとフランスのメルロ＝ポンティである。彼らは共に二〇世紀の前半にその時空論を提唱した。もちろん彼ら以外にも、この問題に寄与した哲学者や科学者はたくさんいるが、彼らの思想は明らかに傑出している。そこで我々は、彼らの思想を範として生命と意識の時空特性を考察しようと思い立ったのである。ただし考察の狙いは、彼らの思想を精確に理解し丹念に解釈することではなく、生命と意識の時空特性という事象そのものの内奥に入り込むことにある。彼らの思想は、そのための通り道にすぎない。

他にも参照される哲学者が二人いる。それはホワイトヘッドとミードである。前者からは時空論における「自然」の概念の重要性を学び、後者からは創発性の関与と自我論の精緻さを習得した。それらをこの場に生かしたいと思う。ただし責任をもって論を構成し事象そのものを考え抜くのは、あくまで筆者である。そして、そのためには事象適合的な論述が要求される。そこで考えついたのが次のような構成である。(1)心的時空と物的時空。(2)世界－内－存在の時間性。(3)生きられる身体の空間性。(4)創発する意識の自然学のための時空論。ちなみに(4)は次章への橋渡し役を兼ねている。

それでは、以下この順序で考察を進めることにしよう。

1　心的時空と物的時空

まず心的時空（mental space-time）と物的時空（physical space-time）の関係について考えてみよう[1]。

日常我々が経験する時間と空間は心理的な相と物理的な相の両面からなっている。つまり直接体験される時間と空間は心的かつ物的という両義性をもっているのである。また時間と空間はそれぞれ独立して経験されるが、同時に融合して時—空として経験される面もある。

我々の概念形成能力は基本的に分析的であり要素還元的である。それゆえ「心的かつ物的」とか「時間的かつ空間的」という折衷的ないし融合的な現象は、単純な相に比べると捉え難いように感じられる。しかし現実の経験における直接的所与により近いのは、融合的現象の方である。ただし、考察の順序としては、やはり要素的なものから出発して、次第に複雑な融合的現象に進んで行くというのが定石である。そこでまず心的な時間と空間が物的な時間と空間とどのように違うのか、またそれぞれの相において時間と空間はいかに把握されうるのか、について考えてみよう。

心的な時間と空間は、それを体験する者の主観性によって加工された独特の質をもっている。退屈な一時間は、めくるめく享楽に満ちた八時間よりもはるかに長い。また、灰色のコンクリートの壁に囲まれた寒い倉庫部屋と陽光の射し込む綺麗な洋室では、体験される空間の質は大きく異なる。こうした例は枚挙に暇がないが、その特質はすべて体験者の主観的パースペクティヴによって規定されている。しかし主観的だと言っても、全く法則性を欠いた個別的なものというわけではない。我々の心的主観性は、その生理学的基盤と有機体の世界内存在様式の共通性に基礎をもっている。つまり脳の認知システムと環境内での行動様式は基本的に各人に共通のものなのである。それゆえ我々は、主観的意識体験を、現象学的に分析してその本質を抉り出したり、心理学的に法則性を捉えたりすることができるのである。もちろん各人の感じる体験の現象的質は、唯一無比の主観的パースペクティヴによって規定されているが、それとても大差はない。嗜好や趣味の違いによって規定されるのが関の山である。

心的な時間と空間の理解に関して留意しなければならないのは、それらの経験に経験主体の生きられる身体性が関与してくる、ということである。この身体性は、後で確認するように、心理と生理の両義性をもち、単に主観的というよりは脱自的であり、その意味で世界内属的である。このことが分からないと、心的な時間と空間はいつまでも物的な時間と空間から切り離されたままとなる。

物的な時間と空間は、観察者に依存しない客観的な等質性をもっている。時計で測られる万国共通の時間は、もともと自然界の物体の運動の計測に定位して確立されたものである。そこでは時間のもつ質は顧慮されない。換言すれば、質を排除した上で獲得された定量性が眼目なのである。物的空間もまた同様である。三次元の幾何学的座標空間を範とする等質的空間は、観察者の主観の関与を排除して得られるものである。

ところで、心的と物的の両相において時間と空間は本来融合している。心的時間は心的空間との連携において我々の心的経験を構成している。空間性を全く欠いた時間性、あるいは時間性を一切含まない空間性というものは、我々の生きた主観的経験からかけ離れた抽象観念にすぎない。心的時間の質、たとえば様々な心理的要素にまとわれた「長さの感覚」とか「深さの感じ」とか「内容的な濃さ」、あるいは「滞った感じ」とか「躍動感」とか「冷暖の感覚」というものは、空間のもつ性質が時間感覚に反映して生じたのである。それゆえ、空間化された時間の概念を批判して純粋持続としての本来的時間性を主張するベルクソンの立場には大きな落ち度があると言わざるをえない。彼の誤りの源泉は、デカルト的二元論の時間理解への適用にある。つまり心的世界には空間的延長性はないのだから、意識への直接的所与としての根源的時間にも空間的性質は全くない、というわけである。しかし、この考えは経験そのものの本性を熟考することによって乗り越えられる。それを成し遂げたのはジェームズである。彼によれば心的経験は確かな空間的延長性をもっている。そもそも「純粋持続」の「持続」は、空間的長さを全く欠いたものと言えるだろうか。むしろ空間的長さを心的経験に流用して得られた概念ではなかろうか。

物的時間と物的空間は密接な相互関係をもちつつ物理的自然界を構成している。物理学の歴史において時間と空間の融合性を明確に指摘したのはマッハとアインシュタインであるが、ハイデガーも指摘するように、その理解の萌芽はアリストテレスの自然学のうちに既に見られる。空間のもつ三次元性は時間という第四の契機を必然的に含んでおり、物理的自然界は四次元的時—空という形で表現されるのがふさわしい。なお物理学の時空論において興味深いのは、宇宙の始まりに関する議論である。前世紀の後半から興隆してきたビッグバン宇宙論は、時空の創成を探究の中核に据えている。しかるに、これは西洋の知的伝統においては、古くからの根本主題であった。その代表がプラトンの『ティマイオス』であり、アレクサンダーとホワイトヘッドがその意向を二〇世紀に生かそうとしたことは周知のことであろう。時空の起源への問いは存在の究極原理への問いと深く結びついている。物理学と形而上学は本来、相反する学問ではなく、究極的実在に至るために協力関係に置かれるべき双子の兄弟なのである。

近世以降、形而上学は主に心的世界の方に関わってきたが、それは本来心的世界と物的世界を包摂する原理の探究を任務とする。その意向を時空論の場に生かしたのがアレクサンダーである。彼は「時間は空間の心であり、空間は時間の身体である」[2]と主張する。この主張は心身関係論と連携している。彼にとって心は神経的基盤つまり脳から創発する人間的特質である。そしてこの創発主義は心と身体の二元分割を決して許容しない。すなわち心と身体は不可分の統合体であり、それに対応する形で時間と空間も不可分の合一体だというわけである[3]。

時間は空間に心的性質を付与し、空間は時間に自然的延長界への具体的関与を可能ならしめる。こうしたものとして時間と空間は、カントの批判的観念論におけるような感性の先天的「形式（form）」ではなく、実在の根本「質料（stuff）」である[4]。また、そうしたものとして、それらは主観性に先立つ次元を示唆している。アレクサンダーの立場は批判的実在論であり、カントの立場を実在論に向けて洗練させたものである。しかも、そこにはホワイトヘッドと共通する自然有機体説と創発主義がある。

心的時空と物的時空の中間に生命的時空を媒介項として置くこともできる。創発主義の基本的図式では心と物質の間に生命が置かれる。アレクサンダーもこの図式を議論の基盤に据えているが、生命的時空というものを取り上げるには至っていない。生命的時空とは、環境の中で生きる心身統合的有機体としての人間の在り方を規定する時間と空間（ないしその融合体）の特質である。これには臨床時間生物学で取り上げられる体内時計や概日リズムも含まれる。また死へと関わる意識や実存の様態も含まれる。さらには世界内属的な生きられる身体に基づいた認知や行動も含まれる。ちなみに遺伝子に蓄積された先天的生命情報も関与する。こうしたものとして生命的時空は意識と自我の中核的創発基盤である。

時間空間をただ漠然と心理的なものと物理的なものに区分して理解するだけでは人間的自我や意識の根本構造を十全に捉えることはできない。このことは物と心、主観と客観、内部と外部といった二元論的対立図式の超克の必要性を示唆する。こうした対立図式を乗り越えてこそ創発する意識の自然学のための時空論に到達する足場が得られるのである。そこで次の二節では、二元論的対立図式を乗り越えようとした二人の哲学者の思想を範として生命的時空の次元について考えてみよう。

2　世界－内－存在の時間性

生命とは環境の中で生きる有機体の存在様式である。そしてこの存在様式には意識と行動の両方が含まれている。一般に意識は内的で行動は外的であると思われている。そして内部と外部は容易に架橋できない。しかし両者の間にはフィードバックとフィードフォワードの循環が成り立っている。それゆえ両者の間には相互反映的相即関係がある。

意識と行動を内部―外部という図式に即して区分けしてしまう姿勢は、主観と客観の対置をより頑固なものとし、そうした姿勢に固執する者は生命の動態を捉えることができない。しかるに生命の動態は、主体（主観ではない）

が脱自的に環境世界へと関わる様式を的確に捉えることによってしか解明できない。この「脱自的に環境世界へと関わる」ことにおいて外的行動は内的意識に跳ね返ってくる。つまり、外的行動は他者や自然事物と交渉するのだが、その交渉が自己の在り方に反省を促すのである。その意味で「行動」とは「自覚的振る舞い（Sich-Verhalten）」である。そしてこの「自覚的振る舞い」こそ、意識が内面圏を抜け出した世界関与性をもっていることを示唆するのである。それはまた意識と生命の関係をも暗示している。

ハイデガーはこのことをよくわきまえていた。そして人間存在の時間性の解明に向けて問題を先鋭化しようとした。彼は「意識」や「主観」という概念を斥け、人間を「現存在（Dasein）」と呼ぶ。そして、この「現存在」という用語は、「現に在る存在者」という名詞的意味ではなく、「存在の開示の場である〔現（da）＝世界〕に脱自的に出で立って居る（sein）」という動詞的意味をもっている。この動詞的把握は、そのまま生命の動態を示唆している。実際『存在と時間』において確固たるものとなった「現存在（Dasein）」という用語は、模索期には「事実的生（faktisches Leben）」と呼ばれていたのである。これにはディルタイなどの生の哲学の影響がある。[5]

『存在と時間』[6]においてハイデガーは、現存在を基本的に世界-内-存在として捉え、その詳細な内実をゾルゲ（気遣い、関心、憂慮）として定式化する。そしてそれは次のように規定される。「（内世界的に出会われる存在者）のもとでの存在として、（世界）の内に既に、自らに先立って存在する」。ドイツ語の原文ではSich-vorweg-schon-sein-in-（der-Welt-）als Sein bei（innerweltlich begegnendem Seienden）である。この定式には意識に対する事実的存在の先行性が含意させられている。つまり「私は私であり、他者から隔絶した内面的私秘性をもっている」という自己意識が生じるに先立って、既に他者や自然事物や社会制度との交渉の場に、自らの中心点を脱して、既に出で立って生活している、という生命的存在の事実が凝縮的に表現されているのである。そして、この凝縮的規定はさらに時間性へと還元される。つまり、現存在（環境の中で生きること）の意味は時間性のうちに見出される、というわけだ。

ハイデガーは、師フッサールの『内的時間意識の現象学』の編集を担当しているが、時間性の源泉を意識の内奥に求めることには賛同できなかった。ハイデガーにとって時間性の源泉は、内的意識の殻を突き破った生の動態のうちに見出されるべきものであった。「自らに先立って在る」という契機が真っ先に置かれるのは、そのためである。この契機は「いかなる瞬間にも可能である〈死〉への先駆」に対応し、時間性の第一の契機たる「到来（Zu-kunft）」へと還元される。この「到来」は、未来の一時点とか将来の展望という、一般的時間理解における未済性を意味しない。そうしたものは現在の意識のパースペクティヴから構成された観念にすぎない。それに対して「到来」は、内的意識に先立つ事実的生の次元を示唆しているのである。つまり、意識の意のままにならない「死」によって限界づけられた「生」を、ありのままに受け取ることを可能ならしめるのは、内的意識の殻を突き破って世界の中へ出で立たせしめる「到来」＝「自己を将《まさ》に自己に来たらしめる作用」だというわけだ。そして、この到来の脱自的作用によって、既在性（Gewesenheit）の意義が取り戻され、現在の状況への参与（Gegenwärtigen）が活性化される。「既在性」は一般的時間理解における「過去」とは違って、現在と将来に影響を及ぼしうる生の履歴を意味する。また、現在の状況への参与としての「現成化」（Gegenwärtigen）も、一般的時間理解における「現在の一時点」や「今」と違って、事実的生や世界内存在の「様態」という動詞的なものを示唆する。

ハイデガーは「到来」「既在性」「現成化」という三つの契機を時間性の「脱自態」と呼んでいる。なぜ脱自態と呼ばれるのかというと、それはこの三つの契機が、「過去」「現在」「未来」という相互に切り離された時間要素とは違って、相互浸透的に統合する性質をもっているからである。つまり三つの脱自態は、自己の中心を脱して、統一を形成しうるのである。そしてこの統一の形成を時間性の時熟（Zeitigung）という。時熟の基本形は「既在しつつ－現成化する到来（gewesend-gegenwärtigende Zukunft）」とされるが、これはそのままゾルゲの統一原理として働くことになる。つまり、内面的自己意識が生じるに先立って既に環境世界の中で他者や事物と交渉しつつ生活していることとしての事実的生は時間性の脱自的統一に基づいてこそ可能だ、というわけである。

ハイデガーの言う時間性は、前節で取り上げた心的時空と物的時空の関係という視座から見るとどういう位置づけになるだろうか。『存在と時間』において空間の問題は時間性ほど重視されないが、世界‐内‐存在という概念自体が空間的含みをもつので、それに密着した時間性は自ずと時空という性質を帯びたものとみなされうる。実際、世界‐内‐存在の時間性ということを提唱したハイデガーの脳裏には、心的と物的という単純な割り切り、ならびにその区分に即して得られた心的時間と物的時間あるいは心的空間と物的空間という一般的把握を解体しようとする意図があった。そして彼は事実的生も現存在も心的なものとは考えていない。また物理学的時間概念は世界‐内‐存在の時間性から派生する二次的なものであると不遜にも語っている。しかしこの主張は、彼が尊敬するアリストテレスの『自然学』における有名な言葉「心（psyche）が存在しないかぎり、時間は存在しないであろう」[7]に淵源する。この場合の心（psyche）とは、以前と以後という観点から物体の運動を測定する観察主観のことである。それゆえハイデガーの時間性は、結局は物よりも心よりなのである。しかしそのことによって彼の功績は何ら貶められない。彼は、物から切り離された心とか世界と隔絶した主観といった従来の通俗的理解を破壊しようとしたのである。意識や主観は脱自的であり、それは世界関与的生命性をもっている。そしてその根拠は空間性の含みももつ「世界‐内‐存在の時間性」にある。これが彼の言いたいことである。ただし、こうした考え方によって心的時空と物的時空が十分架橋されることはない。そのためには空間の問題を身体性の問題と絡めて熟考する必要があるのだ。そこで次にその方面の権威者メルロ＝ポンティに沿って、生きられる身体の空間性について考えてみよう[8]。

3　生きられる身体の空間性

我々人間は環境の中で生活している。これはあらゆる生物に共通の存在様式である。しかし、すべての生物の中で最も中枢神経系の発達した人間は、単に与えられた環境の中で受動的に生命活動を営むだけではなく、積極的に環境を改変しつつ、認知の地平を拡張し、意識を可塑的に編成して行く。そうして単なる環境（Umgebung）は周囲世界（Umwelt）へと変貌し、その中で生きる者に「自己と世界」という問題意識を生ぜしめる。この問題意識に身体はどのように関係してくるだろうか。それを考えることが「生きられる身体」という現象の重要性を浮き彫りにし、同時に、環境へと関わる意識的有機体の空間性に目を開かせるのである。その際「生きられる身体の空間性」という概念が突出してくることは言うまでもない。

我々は普通、身体というものを一つの物体として対象化する眼差しのうちで理解している。つまり、身体は一つの物塊であり「私」はその所有者である、というわけだ。その「私」の眼差しには、自己の身体の全体像は常に現れていない。精々手と腕、腹部から足にかけて現れているにすぎない。これらは身体の前面に当たり、視野に入りやすい部分である。それに対して後頭部や背中などは一生の間、ほとんど視野に入ってこない。我々が日常、身体の全体像を知覚するのは他者のそれを通してである。その他者の身体は、意識によって直接生気づけられていない。つまり、それは一つの物塊ないし物体である。もちろん他者の身体を死せる物体とみなすことは人格の毀損につながるから、石ころのように扱うようなことはない。ここで言いたいのは、そのようなことではない。さしあたって他者の物体的身体を通して経験される身体像は所詮対象化された身体であり、それに固執する観点が、「物体としての身体」とその所有者としての「私」の二元分割を生み出している、ということに注意を促したいのである。

日常的感覚として身体意識や身体感覚というものがある。しかし、これは心理的なものであって生理学的な客観性をもった身体の実在性には遠く及ばない、というのが一般的見解である。メルロ＝ポンティに代表される現象学者が主張する「生きられる身体」という概念は、素人目には心理的な現象としての身体感覚と何ら変わらないもののように思われるであろう。しかしそんな単純なものではない。

人間などの生物の身体は、遺伝子ＤＮＡに蓄えられた生命情報が形質発現して一つの有機的システムを形成したものである。つまりそれは「生命」をもっている。そして生命とは環境へと関わる存在様式の一つである。この関わり方（つまり行動）が複雑度を増し、自己への再帰性が豊富になると認知活動の高度化を招き、最終的には人間に見られるような「意識」を生ぜしめる。とすれば、情報的物質システムとしての身体にはもともと意識を創発せしめるような基盤があったということになる。つまり、単なる石ころや木材（生きた植物ではない）と違って、生物の身体は心の潜勢態とみなしうる組成をもっているのである。これはアリストテレスにおける心＝生命の思考図式からも言えることである。

そもそも物心二元論を乗り越えなければ身体の本質は理解できない。身体を死せる物体（機械）としても理解できるということは、それがもともと生命をもった物質システムだからであり、心と区別される独立実体だからではない。デカルトに代表される実体二元論は心と物質を媒介する生命の次元に対して盲目である。しかるに、この生命の次元こそ身体の世界関与性と意識の脱自性を可能にする当のものなのである。また世界関与性は空間性を示唆する。

先述のように空間には心理的なものと物理的なものがある。しかし空間という現象は、この二大分割には尽きない。両者を媒介するものとして生命的空間というものが確かに存在するのである。メルロ＝ポンティが提唱する「生きられる身体の空間性」はまさにそれに当たる。

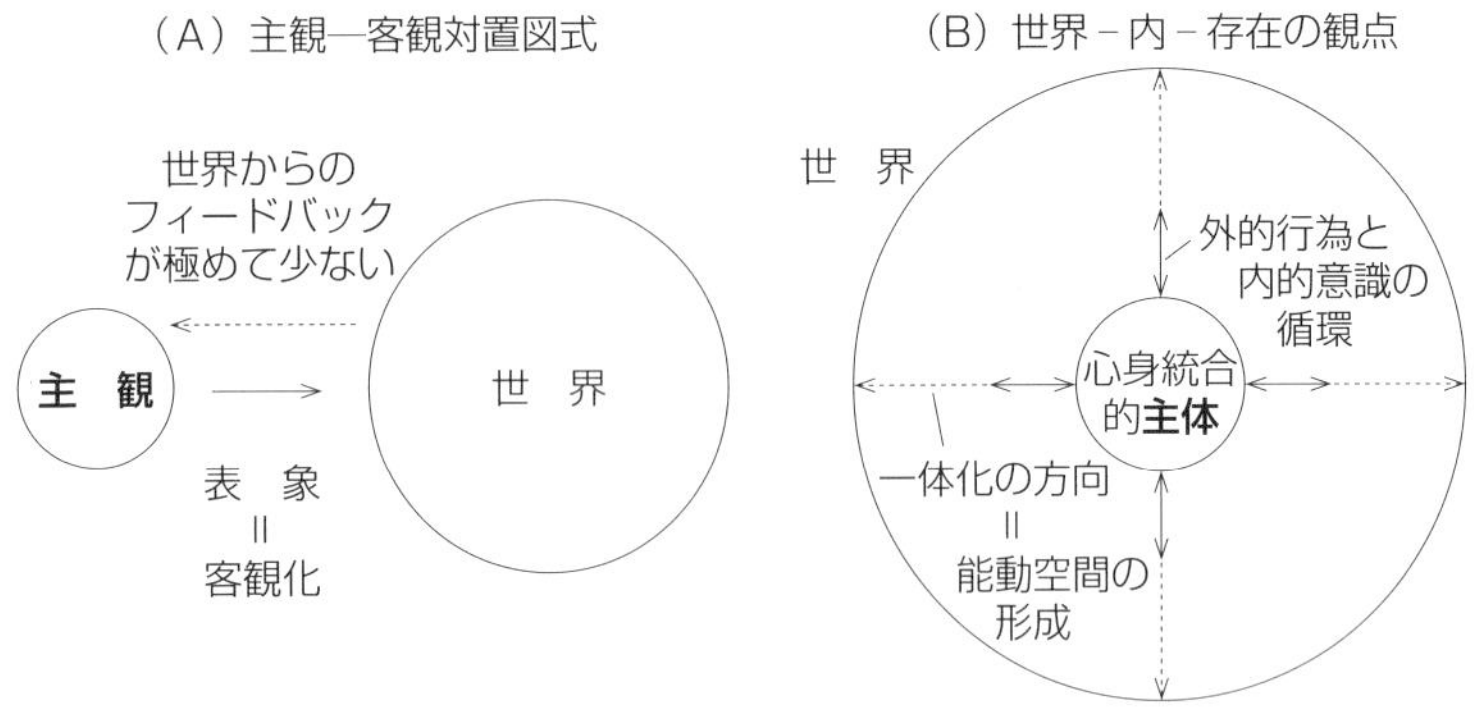

図10－1　主観（主体）と世界の関係把握の二類型

環境の中で生きる意識的有機体は、自らの身体的行為によって周囲世界に働きかけ、生活空間を能動的に構成して行く。その際、意志や意図という意識的要素は身体的行為と切り離して考えられない。つまり心的要因と身体的要因は表裏一体の関係をなしており、この関係の中で生きられる身体の空間性が現れてくるのである。そしてそれは単なる主観的表象とか観念ではない。主観的表象とは世界を客観として対象化する視点を指すが、世界－内－存在としての人間理解は、そのような視点を許容しない。人間は心身統合体として世界の中に住み込んでいるのであり、生きられる身体を介して世界と一体となっているのである[9]（**図10－1**）。これは、メルロ＝ポンティがハイデガーの思想を身体性の次元で掘り下げて到達した観点である。

通常の理解では、一方に主観的表象としての心理的空間があり、それに対置される形で客観的な物理的ないし幾何学的空間がある。そしてそれ以外のものは、さしあたってない。つまり空間理解において主観—客観図式から一歩も外に出ることができないのである。ただし一部の識者は第三の空間概念をきちんと把握しているし、思慮深い人であればそれを確かに了承できるのである。

生物学における空間理解は、心理的空間と物理的空間の媒介点に定位している。ハイデガーの世界－内－存在の概念が生物学者ユクスキュルの思想から着想を得たものであることは既に指摘したが、これを身体性の方向で深め、生きられる身体の空間性の概念を彫琢したのがメルロ＝ポンティなのである。そのように生物学に根差したものとしての生きられる身体の空間性は、必然的に生命の本質をも示唆するものとなっている。つまり、環境の中で生きる有機体の生命維持ないし生存（survival）を可能ならしめる機能を、生きられる身体の空間性はもっているのである。もともと生物は、栄養摂取のために身体を動かして生命活動を営むものであるが、その活動ないし行動が合目的的になるように空間を布置するようになっている。これは中枢神経系の発達した脊椎動物において顕著であり、意識を獲得したヒトにおいてそれは頂点に達している。そしてそれは住居や区域や国境の形成の精緻さに表れている。また、対人関係における距離のとり方とか社会生活の円滑化といったものも単なる心理的空間を示唆するのではなく、生物学的な生きられる空間性に基づいた現象なのである。ちなみに、その原初的形態が下等動物における捕食—被捕食関係とかテリトリーの形成であることは言うまでもない。

サールは「植物が生存のために光合成を必要とするように、人間は生存のために意識を必要とする」と述べたが、我々は「生命体は生存のために行動空間の整備を必要とし、意識の機能はそれに奉仕するものであり、その奉仕の円滑化のために身体との連動を必要とする」と言いたい。こうしたものとして意識と身体は生きられる空間の両極をなし、相互に反響し合う相即関係にある。これをアリストテレスにおける心＝生命の思考図式を応用して理解することもできる。そうすれば「意識によって生気づけられた身体」と「生きられる身体の空間性」の関係がより明瞭となるであろう。

最後に、一般の人が「生きられる身体」という概念に接した際に生じやすい疑念について触れておこう。筆者が大学の一般教養の哲学の授業でメルロ＝ポンティの身体論を紹介した際に次のような質問があった。「私にはどうしてもそのようなものは理解できないんです。対象化できないということなのでしょうか。〈生きられる身体〉ではなく〈生きる身体〉とか〈生き生きとした身体〉とは言えないんでしょうか」というのがそれである。このような質問は識者にとっては確かに鬱陶しいものだが、全く無視するわけにもいかない。事実、筆者も『知覚の現象学』を精読する前には、そうした身体概念をうさん臭いものだと思っていた。つまり、身体は所詮細胞の集合体としての物質系なのであり、メルロ＝ポンティの言っている「生きられる身体」なぞ身体意識や身体感覚として心理的概念ないし主観的観念にすぎないのではないのか、と思っていたのである。しかし『知覚の現象学』やその他の現象学的身体論に関する文献を精読するに及んで、その疑念が心身二元論の呪縛に起因することが明確に理解できた(10)。というより、心身二元論を完全に克服するための最後の関門が「生きられる身体」の概念の体得だったのである。

ところで「生きられる身体」という表現よりも「生きる身体」とか「生き生きとした身体」という表現の方が馴染みやすいのはなぜだろうか。それは「身体」が確固とした客観的実在性をもつ物質系として先在し、心的述語はそれを後で修飾するものだという理解が常識として染みついているのからである。「生きられる身体」という表現には、この身体＝客観的物質系（しかもそれ以外ではありえない）という常識的理解を適用できないのである。しかし、この理解は心身二元論に基づいたものとして、生命という媒介項を思考に取り入れることができないでいる。そして人間などの生物の身体は単なる物理的機械ではない。それは遺伝子ＤＮＡの生命情報が形質発現した有機的物質システムである。そうしたシステムの形成の中で意識もまた創発したのである。この間の過程がしっかり把握されていないので、身体＝物質的機械という理解がまかり通ってしまう。単なる物質的機械は、環境と相互作用するために行動空間を整備しつつ、意識を使って身体的行為をすることなどできないのである。ここでは意識と身体と行動空間は一つの統合的システムを形成している。

ただし筆者としては、物理的時間や物理的空間を世界‐内‐存在の観点から先験的（超越論的）に構成しようとする姿勢には賛同しかねる。生きられる時間や空間というものも一つの領域的な存在として理解されるべきであろう。そこで求められるのは、より実在論的で経験論的な立場である。また「自然」の概念の彫琢も要求される。現象学者も確かに根源的自然ということを言うが、それは物理的自然の概念を内側から乗り越えたものとなっているとは言いがたい。以上のことを顧慮して、次にホワイトヘッドとミードを参照しつつ、創発する意識の自然学のための時空論の可能性について考えてみよう。

4　創発する意識の自然学のための時空論

物質から生命が創発し、生命から意識が創発した。ここに物質→生命→意識という存在の階層が成り立つ。創発とは下位の要素や先行与件から直接予想できない新しい性質の出現のことを言う。これは、生命という創発特性は物質の性質だけでは説明できず、意識という創発特性は生命（ならびに物質）の性質だけでは説明できない、ということを意味する。それぞれの階層の間には質的飛躍があり、上位の要素を下位の要素に還元して理解することはできないのである。しかし、物質と生命ならびに（物質の創発特性としての）生命と意識の間に全く因果的必然性が介在しないというわけではない。むしろそこには必然的結びつきがあり、下位の要素は上位の要素の出現のための必須の基盤となっている。それゆえ創発の概念は還元主義と二元論的分割の双方を否定する役割を担うことになる。

日常的感覚からして、我々は生命や意識を物質の言葉で説明されても釈然としない。さりとて、それらが物質から全く浮遊した観念的事物として説明されても、うさん臭く感じる。創発という概念は、この素朴な感慨を存在論的に極限まで彫琢して得られたものだ、と言ってさしつかえない。

生命をもつ有機体は、それ固有の物質的組成をもっており、その組成なしには単なる死せる物塊になってしまう。具体的にはＤＮＡと細胞が必要であり、それらが基盤となって生理学的システムを形成しなければならない。また生命体に意識が創発するためには、生体情報処理システムとしての神経系が必須であり、しかもそれが高度の自己言及性をもった中枢神経系として熟成しなければならない。人間の脳が、そのような熟成に到達しているのは誰もが認めることであろう。ただし、このように説明されても、まだ何かが抜け落ちているような気がする。この不満を解消するためには、物質と生命と意識の三要素を一つの円環に帰せしめる格別の要素を提示しなければならない。この格別の要素を、ホワイトヘッドに倣って、深い意味での自然と時間・空間のうちに求めてみよう。

創発主義はもともと還元的唯物論に対するアンチテーゼとして提示されたものである。ホワイトヘッドは創発主義の看板を表立っては掲げないが、アレクサンダーの影響下に確立した彼の自然哲学は、唯物論批判という点で創発主義と軌を一にする。先述のように、彼は機械論的自然観を乗り越えて有機的自然観に到達しようとするが、その際批判の槍玉に挙げられるが、誤って自然界の形而上学的基体として想定された「物質」の概念である。この物質の概念には時間と空間のもつ豊かな性質は含まれていない。それに対して現実の世界は時間と空間によって活性化された諸々の事象複合体の相互作用から成り立っている。つまり、過程がそのまま実在である有機的自然界として生成流転を繰り返しているのである。それゆえ原子論的唯物論に代表される一連の唯物論は乗り越えられなければならないことになる。彼は次のように言っている。

唯物論の立場は、自然は物質の集合体であり、この物質は、或る意味で、延長をもたない瞬時的時間の一次元的系列において、それぞれ、継起的に示される要素として存在する、という確信として要約されうる。さらに、各瞬間における物質的存在者（material entities）の相互関係は、これら諸存在者を際限なき空間における、空間的図形配置へと整列させるのである。この理論に立脚すれば、空間は時間的な一瞬と同じように瞬時的なものとなり、継起的な瞬時空間の間の関係にはいくつかの説明が必要となってくる。唯物論的な理論は、しかしながら、この点について何も語ろうとせず、完全に沈黙を守ってきた。そして、瞬時空間の継起性は、一つの永続的空間へと暗黙裡に組み込まれる。……感覚意識の末端たる事実を構成している推移しつつある諸要因の複合体は、この自然的唯物論の三位一体と対応しているような何ものも与えてくれはしない。この三位一体は、(i)延長をもたない瞬間の時間的系列、(ii)物質的諸存在者の集合体、および(iii)物質の諸関係の所産たる空間から構成されている。(11)

ここで感覚意識(sense-awareness)という契機が重要である。ホワイトヘッドによれば、感覚意識は感覚知覚(sense-perception)を上位概念とする感覚作用の一契機であるが、後者と違って思考という要素を含んでいない。ところで、我々が自然に接するのは感覚を通してであるが、感覚意識は抽象的思考を介さないので、その分直接自然に接していることになる。たとえば「赤」という色を例にとると、思考にとってそれは一定の存在者にすぎないが、感覚意識にとっては赤の個体性の内容を含んでいる。それゆえ意識の「赤」から思考の「赤」への推移には、はっきりと内容の喪失が伴うのである。感覚意識によって直接に認識へと措定される自然の特性は、言葉で言い表しがたいものであり、特定の説明図式に組み込みがたいものである、とホワイトヘッドは主張する。(12)

ところで、一般に時間は継起する「今(now)」ないし「瞬間(instant)」の系列とみなされている。そして、それぞれの「今」ないし「瞬間」は空間的要素を含まないので、相互に浸透し合って有機的な過程の世界を構成する要素たりえない。他方、空間は生成流転の要素を含まない三次元的延長世界と考えられている。つまり、それは時間的要素と接点をもっておらず、有機的自然界のダイナミズムを象徴するものとなっていない。ところが現実の自然的世界は過程がそのまま実在となる場であり、そこでは時間と空間は一体となって生成流転のダイナミズムを形成している。このように考えるホワイトヘッドの姿勢は、「存在の過程的性格（process character of being）」に照準を合わせているという点でハイデガーの立場と一致する。[13] ただしホワイトヘッドの方が物理的自然界を時空論の視野に包摂する技能においてはるかに優れており、領域的存在論を踏み越えて普遍的存在論に至る可能性を秘めている。それに対して『存在と時間』の頃のハイデガーはより人間学的で、超越論的主観性の足枷から完全に逃れるには至っていなかった。それゆえ彼にとって人間的主観性と自然はまだ対立したままであった。もともと彼には自然と身体的空間を十分捉える資質がなかったのである。晩年になって表明した身体論もメルロ＝ポンティの剽窃に近いものであった。しかし、ホワイトヘッドとハイデガーの時空論を生命哲学という土俵において読み解き、両者の有機的融合を企てることは有益だと思う。なぜなら、それによって創発する意識の自然学のための時空論の熟成が促進されるからである。

それはともあれ、とりあえずここで着目すべきなのは、ホワイトヘッドの思想における心と自然の連続性ないし一体性である。彼によれば、色彩、冷暖、音などの性質は人間的主観が物理的自然に付加したものではなく、もともと有機的自然界に属していたものなのである。それらは、物理学者が現象を説明するときに用いる分子や電子の運動と同様に自然の一部である、と彼は考える。それに対して、第一次性質と第二次性質を峻別するのは、ダイナミックで有機的な時空の機能を心と自然の接点に位置づけることができない傾向に由来する。しかし真の有機的時空は心と自然を媒介し、両者を一体のものとするのである。それに関連して彼は次のように言う。「自然における心の完全な拠り所は一対の出来事、すなわち、〈いつ〉という意識を起こさせるところの現在の持続と、〈どこ〉という意識と、〈いかに〉という意識を起こさせるところの知覚しつつある出来事によって表わされる。この知覚しつつある出来事は、大雑把に言えば、身体を備えた心の生理的活動である」[14]。しかも、この身体なるものは自然と連続しており、知覚は身体を超えて世界に延び広がっている。そこで次のように言われる。「私はここに居り、緑の木の葉はあそこに在る。そして、ここの出来事と、あそこの木の葉の活動である出来事は今という自然全体の中で、共に融合されている[15]」。

この「ここ」と「あそこ」の融合性、つまり意識的個体と自然の一体性は、今ないし現在に限られたものではなく、過去から未来へと生成して行く類いのものである。つまり横軸の融合性は縦軸の融合性と一体となって機能するのである。こうして自然内属存在としての意識は時—空を介して創発してくる。しかし意識の創発の解明のためには社会的人間関係における発達という観点が必須である。また単に、意識とか知覚とか認知の解明だけではなく、人間的自我に関する説明も要求される。こうしたものはホワイトヘッドが論じなかったものである。そこで次にミードの思想を介して、その点を掘り下げてみよう。

ミードは『現在の哲学[16]』の中で、アレクサンダーやホワイトヘッドを参照しながら、時間論と自我論を展開している。彼が重視する時間要素は「現在（present）」である。なぜなら現在こそ実在の場だからである。ただしそれは、横軸ならびに縦軸への延び広がりを欠いた空虚な今の一時点のことではない。そのつどの社会的環境への水平的広がり、そして過去と未来への過程的関与を含む「創発の場」としての現在である。それでは、何が創発するのか。言うまでもなく自我と意識である。

社会的生命体としての人間は、発達の中で自我を芽生えさせ意識を獲得するが、自覚が生じるのは、そのつどの現在である。ただしこの現在は、繰り返すが、過去と未来への延び広がりを欠いた空虚な今ではない。自覚が生じる現在は、意識的であれ無意識的であれ、過去と未来への関与から成り立っている。そして過去と未来は、現在を超える実在を確かに含んでいる。しかし、創発の場としての現在は、この「現在を超える実在」をも自らの構成要素として包含している。それゆえミードによれば「過去と現在の必然的関係は存在し、また常に存在するであろうが、その中で創発が現れる現在が、新しいものを宇宙の本質的部分として受け入れ、その観点から過去を書き直すのである」[17]。こうした観点は未来にも適用される。つまり、自覚の場としての創発的現在が、未来を創造的に建設して行くのである。

一般的時間理解からすると、過去は書き直せないし、未来は自らの意志で完全に制御できない。そして、この通俗的見解が極まると、自由意志を否定する決定論に行き着く。この見解は、確かにあたっているところがあるが、所詮事の一面を突いているにすぎない。過去は、書き直せないけれども、現在の自己の在り方を有意義にするために取り戻すことはできるし、未来には何が起こるか予想できないけれども、逆境にめげず積極的にそれを建設するような心構えをもつことはできる。歴史上の偉人と呼ばれる人たちは、みな、このような本来的時間性を生きていたのである。それゆえ彼らは「創造的」でありえたのである。「創発」を安易に「創造性」に結びつけることは避けるべきだが、人間の生き方や意識の活動において両者は確かに相即関係をもっている。

こうした点でミードの時間論はハイデガーのそれとの類似性を顕わにする。後者は、現存在の時間性を「既在しつつ－現成化する到来」と規定するが、その本来的時熟様態は「先駆しつつ－取り戻す瞬機（vorlaufend-wiederholender Augenblick）」である。つまり、過去を現在に対して有意義なものにするために取り戻し、未来に対してジタバタしないで現在の状況に目を据えて参与せよ、そうすれば機は熟すであろう、そしてこれが本来的生き方である、というわけだ。非本来的時熟は、これと正反対の生き方を構成するが、それについては多言を要しないであろう。ハイデガーによるこうした時間と生き方の関係づけは、確かにミードの創発的自我論と共通点をもっている。しかし前者の思想には社会性が欠如している。それに対して後者は社会的次元を重視する。時間を生きる人間の意識の本質を精確に捉え、自我の創発性を社会的ならびに自然的（生態的）環境に的確に関係づけて理解するためには、ハイデガー的観点だけでは不十分で、ぜひともホワイトヘッドやミードの視点を取り入れなければならないのである。

意識と自我は、その発現の当初から出来上がって登場するものではない。それらは生命の発達の過程で創発するものなのである。つまりのその存在様態は、パルメニデス流の空虚な現在性ではなくヘラクレイトス流の生成性によって彩られている。また意識を創発せしめる生命は、独特の身体的空間性をもって環境世界に参与している。こうした生成的時間性と生態的空間性、ならびに両者の統合性を把握してこそ、創発する意識の自然的本性に肉薄することができるのである。

ところで、意識の働きの中で重要な地位を占める「自覚」という現象は、そのつどの現在において生起する。この自覚の機能にこだわると、意識が主観性に矮小化され、超越論的観点の跳梁が引き起こされる。しかしそれは、無意識と意識の間を往還する身体的自然からの離反にすぎない。またそれは、ホワイトヘッドが言うような根源的自然からの精神の分離を象徴している。ちなみに、身体的自然が無意識と意識の間を往還するということは、発達の過程という時間的縦軸に関してだけではなく、現在の環境関与性という空間的横軸に関しても言えることである。

意識の創発性を的確に捉え、それを自然の中に定置するためには、以上のような時空論が必要である。それに関しては、これまでの論述で十分理解していただけたと思う。次に我々がなすべきことは、これまでの考察を踏まえて生命・時空・意識三者の関係を解明することである。それによって、我々各人の目の後部あたりに蠢いており、全身の動きを統制し、心的活動を先導している「意識のエージェント」の感じ、つまり「意識的有機体であると言えるような何か（something it is like to be a conscious organism）」の正体が判明するであろう。

注

（1） 以下の考察はアレクサンダーの論述を下敷にしている。Cf. S. Alexander, *Space, Time and Deity*, Vol. 1, pp. 35–140, Vol. 2, pp. 38–70

（2）S. Alexander, *op. cit.,* Vol. 2, p. 38

（3）Cf. S. Alexander, *op. cit.,* Vol. 2, p. 39

（4）Cf. S. Alexander, *op. cit.,* Vol. 1, p. 341. なお彼の言う stuff は matter や substance から完全に区別されている。それはギリシャ哲学における hyle を意味するのである。ちなみに matter は時—空の複合体から創発するとみなされている。その意味でも時—空は実在の根本質料である。

（5）Vgl. M. Heidegger, *Ontologie*（*Hermeneutik der Faktizität*）, Gesamtausgabe Bd. 63, V. Klostremann, Frankfurt a. M., 1988. また川原栄峰『ハイデッガーの思惟』理想社、一九八一年も参照。この川原の著書には現存在と生の関係、ならびに存在＝居住に関する優れた考察が含まれている。また時間性に対する空間性の優位も説かれており、非常に示唆的である。

（6）M. Heidegger, *Sein und Zeit,* M. Niemeyer, Tübingen, 1979. なお拙著『時間・空間・身体——ハイデガーから現存在分析へ——』醍醐書房、一九九九年も参照されたい。

（7）Aristoteles, *Physica,* 223a. 25

（8）メルロ＝ポンティ『知覚の現象学』の全体、特に⑴の一二五—一二五五ページ、⑵の六〇—一四〇ページを参照。

（9）身体を介した主体と世界の一体性を示す現象としてメルロ＝ポンティは、盲人が使う杖の例を好んで取り上げる。盲人は杖を視覚機能の代わりとして使うのだが、使い慣れてくると身体の付属物ないし身体的綜合（この場合、特に視覚と触覚の綜合）の延長となり、盲人の身体は杖の先という世界の一点から始まるようになる。これは運動習慣と身体空間の相即性を表しているのだが、同時に身体を介した主体と世界の一体性をも示している。（『知覚の現象学』⑴、一三九—一二五五ページを参照）。なお我々が日常経験する上下左右の把握、眩暈《めまい》の体験、日差しに関連した東西南北の感覚、運動と連関した体位の感覚、遠近や奥行きの知覚、こういったものはすべて生きられる身体の空間性の顕現として、主体と世界の一体性を示しているのである。

（10）その際、日常経験している現象を注意深く観察し、その本質的意味を看取する現象学的眼差しの彫琢が同時進行したことは言うまでもない。

（11）A. N. Whitehead, *The Concept of Nature,* p. 71（邦訳、八一ページ以下）

（12）Cf. A. N. Whitehead, *op. cit.,* p. 13（邦訳、一五ページ以下）

（13）Cf. D. R. Mason, *Time and Providence : An Essay based on an Analysis of the Concept of Time in Whitehead and Heidegger,* University Press of America, Washington D. C., 1982

（14） A. N. Whitehead, *op. cit.*, p. 107（邦訳、一二一ページ）

（15） A. N. Whitehead, *op. cit.*, p. 108（邦訳、一二二ページ）

（16） G. H. Mead, *The Philosophy of the Present*, Prometheus Books, New York, 2002（河村望訳『現在の哲学・過去の本性』人間の科学社、二〇〇一年）

（17） G. H. Mead, *op. cit.*, p. 43（邦訳、二〇ページ以下）

第11章　生命・時空・意識

はじめに

生きて死ぬ「私」は、他者と共に在り、自然の恩恵に浴している。現在この瞬間の生の充溢は、過去からの反響と未来への伸張を対面鏡のように携えている。また身体に授けられた運動感覚は、自然の豊饒な空間性によって鼓舞され、生き生きとした自我の実感を生起せしめる。

生命とは何だろうか。それは心とどのように関係するのだろうか。なぜ生命に与えられた時間は有限なのであろうか。時間は果たして死で途絶えるのだろうか。こうした想念に憑かれたとき、空間性という補助線が一条の光を射しかける。

他者との交渉が生み出す社会空間、そしてそれを包む自然の広大さは、生命の「場」を形成し、個体の、死へと向かう不可逆な時間を空間の三次元性へと融解せしめる。これは、窓ガラスに向かって無益な突進を繰り返していた昆虫が、背後の広大な遊動空間に目を開くようなものである。

「前に進もう」「前方しかない」と思い込んでいた小さな私は、今立ち止まって周囲を見渡す。そこには忘れられていた自然との一体性を喚起する時―空のパノラマが広がり、失われた自己を想起せしめる生命の深淵が裂開している。このことを自覚する意識の状態はいかなるものであろうか。それは生命によって満たされ、時空によって構成されている。つまり「私」の存在の意味は、生命と時空と意識三者の関係のうちに秘匿されているのである。

本章は、これまでの考察の総括であり、創発する意識の自然学の最初の草稿である。「私」の意識は創発特性の複合体であり、与えられた生を創造的に建設して行く。それはまた、神経システムになだれ込んでくる情報の洪水の中から自分にとって価値のあるものを抽出して行く過程である。その際、量が質に転換する。そして、この質が、自我を高揚せしめ、生命の至宝性を感得せしめる。

私とは何であろうか。なぜ、この世に生まれてきたのだろうか。この問いかけに対する答えを超越的な天上界に求めても無駄である。自然と市民社会という平地にこそ生命の秘密が隠されているのである。あるいは、隠されているものなど何もない。ただ想い出せばよいだけなのである。そう、失われた自己の起源を。

自己の起源に関する研究を行っているのは発達心理学と心の哲学である。(1) その他、生物学の一分野も比較行動学的に、これを取り上げる。しかるに、この自己の起源の問題こそ創発する意識の自然学が考察の基点に据えるべきものである。そこで、まずそれについて論じることにしよう。そして、そこから生命・時空・意識三者の円環関係が解明される基盤を見つけることにしよう。

考察は次の順序でなされる。(1)失われた自己の起源。(2)自然と創発。(3)人生行路における自我の発展とその時空構造。(4)生命の意味に目覚めるとき。(5)生命・時空・意識。

1　失われた自己の起源

「私とは何か」という問いは、常にそのつどの今現在から発せられる。そのとき反省的意識は既に十分成熟している。つまり自己を外界と他者から完全に区別し、自らの主観的パースペクティヴを意識作用の基点に据える習慣にはまりきっている。「私とは何か」という問いに、この反省的意識は的確に答えることができるだろうか。この問いは、自己の本質と共にその起源への関心も含んでいる。そして本質と起源は分離できない。ちなみに本質（nature）は自然（nature）というものと密接に関係している。これは単なる語呂合わせではない。「私とは何か」という問いは、自己の自然的起源への問いを必然的契機として内含している。そして、その自然的起源はさしあたって忘却されている。さらに、主観的パースペクティヴを全面的に信頼する反省的意識は、この忘却を忘却することの上に成り立っている。それはまた心身二元論を生み出す元凶である。哲学史上、これに関する有益な指摘はヘーゲルの思想のうちに見出される。スティーブン・プリーストは、ヘーゲルの心身論の核心を次のように捉えている。

ヘーゲルは、いかにして心身二元論が心の理論になったかについて、面白い説明を加えている。彼の考えでは、我々は子供の時分には二元論者ではない。むしろ、自分と自然の統一を、直感的にあるいは当然のこととして感じている。ヘーゲルが示唆するには、我々は生きて行くことで、自然という一つの大きな生命の営みの部分をなしている。それゆえ、我々の自然への共感は、自然をその一部と感じられるほど広がって行くのである。もちろん子供時分にはこうした思いを言葉で表現しない。だが、それは直感的で素朴な経験の特徴なのである。しかしながら、ヘーゲルによれば、我々は成長するにつれて自然と共存する感覚を失い、そのかわり自分の経験を合理的に反省するようになる。この反省作用こそが、主観的で心的実体としての自己と、客観的で物理的実体としての自然、という見かけの亀裂・分岐を生じさせるのである。反省的意識の働きには、観察するものと観察されるもの、あるいは主観と客観といった、二つの別個の実体が存在するかのように映るのである(2)。

我々各人の自己は、かつて自然と一体であった。ここで「かつて」というのは二重の意味においてである。まず、右の引用文でも言われているように幼児期から思春期以前の少年期にかけて、次に、文明化される以前の時代に、我々は自然と一体であった。また、今日でも自然の豊富な発展途上地域において自然との一体性は生活に染みついている。

文明化は必然的に人工物による自然の破壊を伴う。その破壊が進むと文明それ自体の存続が危ぶまれるというのは周知のことだが、文明それ自体を否定するのは自殺行為なので、文明と自然の共存という暫定的スローガンを掲げて取り繕うのが定石となっている。自己意識に関しても同様のことが言える。少年から青年への成長は、必然的に分別臭い態度を生み出し、合理的反省は心を自然から切り離す。そして、かつて有していた自然との一体感は脇に退いてしまう。しかし、それは市民生活を円滑にするためには、やはり必要なのである。つまり、大人の振る舞いをするためには自己を客観視する態度を身につけなければならないのである。それは脱中心化の作用とも言える。これが一般的見解である。ただし、このもっともらしい見解には大きな見落としがある。

我々は、大人になるために、子供の頃にもっていた無邪気な心と自然との一体感を完全に拭い去る必要などない。大人になる過程というのは、それらから完全に脱皮することではなく、それらを高次の段階へと止揚することなのである。このことが理解できないと、心の成長の本質は捉えられない。文明と自然の共存を単なるご都合主義のお題目に終わらせないようにするためには、一見原始的に思える自然との一体性の意味をもう一度深く考え直し、その成果を現代の環境問題に応用しなければならない。それと同じように、幼児期の自然との一体感は、心の本質の理解に深く取り入れられなければならない。そして、それはまさしく「失われた自己の起源」に遡及することを可能ならしめるのである。

ところで「自己の起源」とは何であろうか。「起源」である限り、それは時間的過程に関連し、必然的に「発生」という契機に行き着く。つまり、自己ないし自己意識の発生は、いつ、どのように、起こったのか、ということが問題となるのである。しかし、ここで周知のアポリアが生じてくる。つまり、自己の意識の起源を捉えるのは、今現在における自分の意識の主観性なので、起源への遡及のつもりがいつの間にか現在の意識に舞い戻ってきてしまう、という対象化不能のテーゼが頭を擡げてくる。このテーゼを鵜呑みにしてしまうと、起源への問いは、幼児期の発生起源から離反して、今現在の発生様式（生成過程）に関心を集中させてしまう破目になる。これは超越論的意識論に典型的な傾向である。それが自己の自然的起源から目をそらさせることは言うまでもなかろう。

「遡れば、それが過去か」と超越論的意識論の信奉者は言いたがる。確かに「遡る」という行為は、実は時間的には前方、つまり未来へと進んでおり、過去とは反対の方向を目指しながら過去に遡及すると詐称しているように一見思われる。ただし、それはあくまで「一見」にすぎない。遡れば、やはりそれは過去なのである。過去とは、不可逆の直線的時間から考えられる「決して前方にはありえない後方の時点」ではない。むしろ空間性と結託して我々の生活に染みついた自然的世界の構成要素である。つまり、前述のように時間と空間は不可分の一体性をなしているのだが、超越論的意識論者は観念論的に時間を空間から切り離して考えているのである。この姿勢がアポリアに導くことは、エレアのゼノンの奇妙な主張によく表れている。

考古学の研究は、今日から昨日に戻るのではなく、明日以降へと前進して行く。しかし、その研究対象は、数千年前のものである。それでは、今日から明日以降に進んで行く考古学が関わる研究対象は、未来あるいは現在のものであろうか。ギリシャやエジプトの遺跡は、数千年前から現在まで存続してきたものである。「過去」とは、過ぎ去った時間の一点を表すのではなく、太古の建造物の発生時点からそれらが発見された現代までの存続期間、ならびにそれへと関わる人間の生活様式を示唆するのである。その意味でも、それは空間性（環境や風土）から切り離せない。

発達心理学の研究に関しても同様のことが言える。それが研究対象とする自己意識の起源は幼児期の発生過程に措定されるが、やはり正当に「起源」の名に値する。超越論的意識論者は、発達心理学者が外部から観察する幼児の行動からは自己意識の起源など読み取れない、と嘯く。つまり、主観は客観化されえない、というわけだ。この考えが「遡れば、それが過去か」という臆見と同様の誤りを犯していることは明白である。いずれにしても反省的意識の権利要求を盲信しているにすぎないのである。

ヘーゲル（プリースト）以外にも、超越論的思考態度を批判した哲学者はたくさんいる。そのうちの多くの者が、やはり心と自然の一体性を強調している。筆者としては、必ずしも超越論的哲学の観点を否定し去るつもりはないが、意識によって構成できないものを意識の要素として認めないだとか、主観は主観それ自身を対象化できないという固定観念に囚われている姿勢は、結局は不毛なものに終わると思う(3)。

以上、長々と前置きめいたことを述べてきたが、要は「遡れば、それはやはり過去であり、正当に起源に行き着く」ということである。これを銘記して、失われた自己の起源について論じてみよう。

「私は私である」という自己同一性の自覚は、自己の身体の統一性に基づいている。腕を動かしたり脚を屈伸させたりする動作、あるいは対象を目で追ったり匂いをかぎ分けたりする知覚的能作は、それを担っているエージェントの統制機能によって可能となっている。この統制機能こそ自己同一性の身体的基盤である。それは、身体を欠いた純粋思惟によっては捉えられないものであり、行為から切り離された認知や無意識的背景を無視した意識とは無縁の生命的特質である。ちなみにエージェント（agent）とは「動作の主体」とか「発動者」を意味する。その意味で、それは単なる認識主観ではなく、身体性を備えた行為の担い手であり、自由意志の身体的責任者である。日本語における「主観」と「主体」の使い分けにこだわって言えば、エージェントは後者のニュアンスが強い。失われた自己の起源に遡及するということは、このエージェントの発生起源を追求することに等しい。

メルロ＝ポンティやワロンが指摘するように、こうしたエージェントの発生は幼児期の身体図式の整備に並行している。身体図式の整備は、そのまま身体―自我の確立と言ってよい。そして、この身体―自我は、反省的意識の成立に先立っており、自我と生命的自然のダイレクトな関係を示唆する。また、反省的意識の成立に先立つがゆえに、それは宣言的記憶内容として残ることがなく、成熟した認識主観の意識によって再構成されえない。我々は誰しも、自分の三歳以前の明確な記憶を有していないものである。自己の起源が「失われている」というのは、このことを示唆している。

プルーストが言うように、過去の記憶は純粋な知力によって喚起できず、むしろ思いがけない物質や感覚を媒介として蘇ってくることがある。これもまた反省的意識に先立つ自我の自然性を暗示している。ただし、そのような偶然的契機をもち出さなくても、反省的意識の再構成能力の限界をわきまえて、自分の幼児期のことを知っている年長者の報告を素直に受け入れれば、自己の起源はおぼろげながら見えてくる。それは、主観と客観が分離する以前の、原初的生命性を帯びた身体的自己の生成を垣間見させてくれる。もし自分に子供がいるなら、あなたはその再現フィルムを目の当たりにしていることになる。

しかし、こう説明されても、あいかわらず「失われた自己の起源」の問題は頭を擡げてくる。なぜであろうか。それは、その起源が、死へと向かう唯一無比の「この私」の存在意味に関わってくるものだからである。失われた自己の起源は、死すべき自己の有限性を自覚し、過去を清算したとき、つまり自己の生の全体性を見渡したとき、初めて納得の行く形で捉えられる。ハイデガーは、これを死への先駆による根源的時間性の時熟として示した。この時熟において、既在性は取り戻される。すると、ハイデガーは何か個人の実存ばかり問題にしているように思われるが、彼の意図はそんなに単純ではない。彼にとっての究極の課題は、森羅万象を締めくくる存在そのものという原理、ならびに根源的自然としてのピュシスの意味の解明である。それはアリストテレスの形而上学[4]の取り戻しに他ならなかった。

こうした先哲から学ぶべきことは、小さな自己を突き抜けて、大いなる我としての自然に還帰することの重要性である。ただしその際、個体性を無視して、一挙に普遍性に至たろうとしてはならない。個体性を普遍性に向けて昇華する姿勢を堅持しなければならないのである。なぜなら、それによって「失われた自己の起源」が、唯一無比の「この私」にも納得の行く形で明らかとなるからである。

2 自然と創発

自我は自由意志を確かにもっている。人間の行動が物理的因果性に拘束されたものだとする決定論的見方は、物理的プロセスがそこに根を下ろしている自然の創発的豊饒性に関する無理解をさらけ出している。物理的《フィジカル》プロセスは自然《ピュシス》の一側面であり、後者の多様な特性のうちから因果性と法則性と線形数学の枠に当てはまるものを抽出したものにすぎない。人間を中心とした生物の生理学も、こうした手法によって自然的生命の多様な性質を物理—化学的因果性に還元しようとする。つまり、自由意志を否定する決定論者は、生命の創発的複雑性を理解していないのである。

決定論に対する反論は、唯物論を否定する観念論の側からもなされるが、その立論は精神を自然から分離する姿勢に裏打ちされているがゆえに脆弱である。自然は精神を含んだ包括的体系であり、これが人間においては心身合一となって表れる。[5] しかるに、二元論に囚われた観念論的思考は、自由意志を身体の生理学的因果性に対置するのみで、両者を統合する上位秩序に目を開けない。そうして人間の生命的自然を捉えそこなっている。つまり、自由意志を唯物論の攻撃から過剰防衛する観念論は、有機体の生理学的プロセスに含まれる精神の創発基盤に無頓着なのである。

自由意志の本質を的確に捉えるためには、決定論と観念論の対立をより高次の秩序に向けて止揚しなければならない。それはまた両者の中道を行くということでもある。ところで「対立を止揚する」ということは、低次の段階で否定された要素が高次の秩序に吸収される際に再び生かされる、ということである。自由意志の問題に即して言うと、それに関する生理学的基盤が節度を守る形でちゃんと受け入れられるし、人間の尊厳に定位する精神主義的態度も行きすぎない形で保持されるのである。そもそも自由意志は単なる内面的観念ではなく、行動に必ず出力される身体的現象である。それはまた単なる個人的出来事ではなく、他者との相互関係を前提とする社会的現象でもある。こうした身体—社会的現象として、自由意志は心理と生理の両義性をもつ非線形的システムである。そして、この非線形性は他者との相互作用と自己への関与の時空的性質の予測不能な複雑性から生じる。たとえば、自分が勤める会社の不正を内部告発しようとする意志は、当人の家庭事情や社内での人間関係や将来の生活の見通しといった契機によって影響を被る。つまり、内部告発するのは本人の自由だが、実際に外部に出力される行動は、自分以外のものとの関係によって大きく左右されるのである。そして自己への関与としての思念や行動計画もまた、自己内部で完結しているわけではなく、こうした外部要因の影響を被る。また身体の調子にも左右されるが、これが気分の形成の基底に存し、行為の発動に影響を及ぼすことは、誰もが日常経験していることであろう（たとえば、或る女性が生理のとき万引きしただとか、蓄膿症のストレスが放火を誘発しただとか）。こうして見ると「自由」とは、決して内面で完結した精神的現象ではないことが分かる。それは、心身の両面に張り渡された社会的現象なのである。

以上の考察から我々は自由ないし自由意志というものを自然主義的に理解する基盤を得たことになる(6)。もともと「自由」は「自《みずか》ら」という契機を、「自然」は「自《おのず》から」という契機を、それぞれ含んでおり、両者は表裏一体の関係にある。これが人間においては創発的生命の現象となり、人生行路の創造的建設につながって行く。意志の発動は、食欲や性欲を参照すれば分かるように、本来動物的なものである。そして動物の群れも一つの社会を形成している。人間の自我の起源は、動物的社会における自己実現（自立的生存）にあった(7)。それゆえ自我も意識も深い意味で自然的現象なのである。ただし、高度の可塑性と自己言及性を備えた人間の脳の神経システムは、コミュニケーション手段の高度化（これには発話言語の体系化と共に様々なメディアによる情報の保存と伝達の向上を含む）を生み出し、精神の時空構造をより複雑なものにしてきている。これが精神の創発の上層面ないしその結果を表すことは言うまでもないが、この側面にばかり着目すると、自然的基盤が見えなくなりがちである。要は創発の意味を銘記することなのだが、それを自然の生成と決して切り離さない態度も要求される。なぜなら、それによって自らの意志の発動が、身体の自然から自ずと生じるものであることが体得されるからである。

では、我々は自らの意志を発動させて、いかに生を創造的に建設して行くのであろうか。換言すれば、我々の自我は人生行路の諸段階で、どのように発展して行くのであろうか。そしてそれは、いかなる時間的ならびに空間的性質をもっているのであろうか。それについて次に考えてみよう。

3　人生行路における自我の発展とその時空構造

我々は、自らの意志によらずにこの世に生を受け、また自らの願望に反して死を迎える。人生とは誕生と死の「間」に他ならず、この「間」に自我を芽生えさせ、紆余曲折に満ちた発展段階を経て、多くの場合その完熟を見ずにこの世を去る。しかし、自我の痕跡は死後もこの世に残る。たとえば自分の子供の自我として、あるいは自らの偉業や作品として。そうでなくても、多くの人のこの世での行状は、他者と社会に何らかの影響と痕跡を残さずにはいない。自我は、個人の占有物ではなく、他者と社会と自然へと脱自的に延び広がる生命的現象として、社会の共有物なのである。そして、それは独自の時空構造をもっている。つまり、誕生から死へと向かう縦軸において対自的に自己構成する時間の流れが一方にあり、そのつどの人生段階ないし状況において周囲のものに対他的に関わる横軸の空間性がもう一方にある。生命の時間は、とりあえず不可逆の流れという性質を帯びているが、意識の働きによって自我は、自らの過去を取り戻したり未来の可能性に備えたりして、現在の活動を生き生きしたものにできる。これが単なる「時間」を超えた「時間性」というものである。すなわち、運動する物体は時間をもつが、意識機能をもつ自我は時間性をもつ、と言える。もっと言葉を換えて言えば、我々は時間をもつのではなく、それを生きているのである。また、そのつどの状況において時間性の自己構成を対他的に活性化するのは、空間性の働きである。自らの身体運動感覚によって、自我は行動空間を自覚的に周囲世界へと投げ渡すが、この働きこそ対自的時間性に対他的生命性を付与するのである。

自我は、自覚的ないし反省的意識機能を獲得したとき初めて自我になる、と一見思われるが、自我の本質と深層構造を捉えるためには、無意識という要素の顧慮が不可欠である。思春期以降、反省能力を強めた自我は、意識の権能を過剰信頼するようになり、無意識という背景を無視したがる傾向が優勢になる。青年期から壮年期へと進展するうちに自意識過剰の傾向は諌められてくるが、意識の反省作用への信頼は揺るがず、自我の無意識的背景が相変わらず十分自覚されないままに、日常生活が送られる。これが大人の分別ある生活態度と心性というものなのである。成人男女一〇〇人に「あなたは無意識的自我の存在を信じますか」とか「反省的意識機能獲得以前の自我の様態はどのようなものだと思いますか」と質問したら、ほとんどの者が「そのようなものは想定できない」と否定的見解を述べるであろう。

それでは少し質問の仕方を変えてみよう。「あなたは自我の統一性は身体の統一性と重なるように日頃感じていませんか」。「睡眠と覚醒の繰り返しである日常生活は、実は意識喪失と蘇生の繰り返しに他ならず、身体は同一のままに意識状態と無意識状態は互換され続けていると思いませんか」。「あなたが深い夢のない睡眠から目覚めたとき、あなたは一旦喪失した自我を再び獲得したのですか。そうだとするなら、なぜ途切れた自我の意識内容、つまり記憶は同一のままに保たれるのですか」。「無意識と身体と生命の間には三位一体の構造が成立し、それが自我の奥深い本性（自然 nature）を形成し、意識の機能もこうした深層構造の恩恵を被っているとは思いませんか」……等々。

「もうよせ。言いたいことは大体分かった。謙虚に聴くから、どうか詳しく説明してくれ」という素直な反応ができたら、あなたには見込みがある。筆者は大学の教養科目の授業を長い間受けもっているが、こうした素直な反応を示すものはスポンジのような吸引的理解力を発揮するのが常例である。それでは、肩の力を抜いた自然体で次の説明を聴いて欲しい。

自我の発展を個人の生命の歴史から見ると、次の段階に区分できる。(1)胎生期。(2)乳児期。(3)幼児期。(4)学童期。(5)思春期。(6)青春期。(7)青年期。(8)壮年期。(9)熟年期。(10)老年期。こうした区分は主に発達心理学によって研究されてきた。ここに挙げたのは、大まかな見取り図であり、もっと精緻を極めることもできるであろうが、それにこだわるよりは自我の発展という事象そのものに食い入る方が哲学的である。

哲学は心理学よりは、人生の「意義」や生命の「意味」という価値的側面に深く関わる。たとえば、すべての人が右に挙げた段階の(1)から(10)までを全うするわけではない。(6)のあたりから事故や病気による死亡の可能性が現れ始め、(8)の後期からその可能性はいよいよ高まる。最近の傾向として、不況のあおりによる中高年の自殺が増えている。自我には自らの手で生命を終焉させる権能も授けられているのである。これは、生き方の選択の自由ということにもつながる。キルケゴールは、人間的生き方の様態として美的実存、倫理的実存、宗教的実存の三段階を想定したが、これなどは明確な自己意識が生じた後の選択能力に委ねられるものである。つまり我々は、自らの意志で生命を終焉させることができるし、快楽の奴隷になるか禁欲的理想主義の生活を送るかの選択をも自由にできるのである。ここには人間的自我の自己関与としての実存的意識の働きが表れている。しかもそれは独特の時空構造をもっている。さらに、そうした働きや構造の起源は自我の発展段階の初期にある。

自我には自覚的意識だけではなく無意識的心性と身体的生命性も重要な構成契機として含まれている。そしてそれらは発展段階の(1)から(3)の間に身体的知として個体に深く刷り込まれたものなのである(8)。この段階では、視覚よりも触覚が優位を占め、内受容感覚による身体的自己認知が主導的である。また、この段階では時間意識ないし時間感覚が明確に機能していないし、空間感覚も内受容感覚の横行によって制限されている。しかし身体的生命性としての自我の基底層は、既にこの時期に形成されているのである。ここには乳幼児と養育者との無意識的な身体(皮膚)の触れ合いが関与している。後に明瞭な時空構造を伴って現れる自我の反省的意識の原型はここにあると言える。

(3)の後半から(4)の前半にかけて言語の習得がなされると、反省能力が芽生え個性の基盤が形成される。そこで、過去に起こったことを想起し反省する機能が強化され、明日以降に起こるであろうことへの対処の能力が芽生えてくる。また、自分と他人を明確に区別し、その区別にしたがって自己を客観視する機能も備わってくる。これは対人関係の空間的制御、つまり社会性の萌芽に他ならない。いずれにしても、この時期に反省的意識を伴った自我が創発し、時間空間の感覚が明確化するのである。しかし、それらの機能はまだ弱く、年長者によるサポートが必要である。

(5)から(6)にかけては疾風怒涛の時期である。この時期に明確な自我の芽生えを体験することになる、とよく言われる。しかし、この言い方をそのまま通すわけにはいかない。自我は幼児期、既に無意識下に芽生えていたのである。それゆえ厳密に言えば、この時期は自我が芽生えたのではなくて、社会的自我が未熟なままに自意識が過剰になったのである。しかもそれに第二次性徴が加わった。これでは自己への関心が心身両面から亢進し、唯一無比の「この私」という意識が、野放図に跳梁する破目になりやすい[9]。こうした経過の背後にあるのは、対自的時間意識の鮮明化に対他的空間取りが追いつけない、という事態である。ここで彼らは大いに悩む。そして不安に苛まれる。しかし、それは全くネガティヴなものではなく、成長への道標なのである。なお、自己の身体運動能力の進歩に伴った空間把握は、この時期までにほぼ成熟し、それが後の社会的自己責任能力の獲得につながる。ただ、この時期に後者が未熟なだけである。また、「死」というものを明確に意識し始めるのもこの時期であり、進路やいじめの問題の悩みから自殺する者も現れる。裏を返せば、それは「死」をまだヴァーチャル・リアリティの次元で捉えていることを表している。

(7)から(8)の時期に至ると、社会的自己同一性は完成し、対自的時間性と対他的空間性はバランスよく機能するようになる。反面、仕事や育児に没頭して自己の内面を振り返る機会が減るのもこの時期の特徴である。子供や会社のために滅私奉公するのはけっこうなことだが、いつの間にか過労死してしまったりする。また、この時期は人生の中継点の前後に当たり、「これまでの自己の在り方」と「これからの自己の在り様」という両方向への意識的関与がくっきりしてくる。これは、自己の内面性のみならず、自分の子供や年老いた両親への関わりの場面でも現れる。

(9)から(10)にかけては人生の秋冬である。子供たちは独立し、夫は定年を迎え、妻は家事の負担が軽くなる。都市部から離れて田舎暮らしを始めようとするのもこの時期である。特に田舎から大都会に出てきて、ずっと仕事一途だった人にこの傾向が強い。自然の本当の価値や美しさを知るのは、この時期であるとも言える。しかし「死」は近づいている。残された時間は少ない。それを考えると少し不安になる。ただし自然の豊饒なる空間性は、意識を前方に差し迫る死からそらして、周囲へと拡散させる。こうして「我草木とならん日」を静かに受け入れるのである。と、うまく行けばよいのだが、ジタバタは逃れられないのが大勢である。年を重ね、セルフコントロールに長けたはずの、完熟したかに思われた自我は、やはり根本的問題を解決できずにいたのである。

しかし落胆するには及ばない。年を重ねたから賢者になれるというものではないのである。肝要なのは、時間と空間の深層を理解し、自己の存在の本来的意味に目を開くことである。そしてこのことは、自らの生に何が課せられているのか、という問題と深く関係する。たとえば、精神医学者のメダルト・ボスは次のように述べている。「人間は本質的に罪責的であり、それは死ぬまで変わらない。なぜなら人間は自らの将来から到来してくるものの開示可能性のすべてをもち耐え、自らの実存の光の中で現出する世界境域を立ち現れさせるまでは自らの本質が充たされないからである。そして人間の将来は、彼が死ぬ瞬間に初めて彼のもとに完全に到着する」(10)。

ここで「罪責的（schuldig）である」ということは、何か過去に罪を犯したとか原罪を負っているとかいう意味ではなく、自らの実存を本来的なものにする義務が生涯課せられており、それに対してそのつど未済だ、ということである。そして、このことに気づかせるのは「不安」という根本気分である。この考え方をボスはハイデガーから受け継いだ。しかもそれをフロイトの深層心理学と融合して精神療法の場に生かしたのである。そこでボスの思想は、人生行路の諸段階における自我の発達を心理―哲学的に考察するために極めて有益である。彼は時間空間について表立って論じていないが、人間は人生のそのつどの現在において「死」に対して罪責的である、という観点は根源的時間性を示唆し、世界境域の開けの中で現れてくるものすべてが自らを本来的実存へ召喚する力を秘めている、という視点は根源的空間性を暗示する。そして、この世界境域へと脱自的に（つまり近代的自我のせせこましい主観性を脱して）出で立つことは、自己の能力を利己的な権力や快楽の追求のために行使することなく、表層的な不安と罪責感から解放され、日の要求としての仕事をこなし余暇を楽しみつつ自らの生を満喫することを可能にする。(11) これが真の社会的自我の成熟を意味することは、言うまでもなかろう。

フロイトの立場は、幼児期の原体験がその後の自我の発達を制限してしまうという、一種決定論的なものである。それに対してボスは、ハイデガーの影響下に実存の自由選択の観点から自我の発達を捉え直した。そして、この自由性は自己の内面的主観性からではなく世界の開けという外部への関与から創発するものとして理解されている。しかし生命的自然と時空の関係は相変わらず明瞭になっていない。そこで次に、このことを考慮して、我々が生命の意味に目覚める過程について論じることにしよう。

4　生命の意味に目覚めるとき

我々は、どのような形で生命の意味に目覚めるのだろうか。それについて考えてみよう。

生命の意味の一人称的目覚め、二人称的目覚め、三人称的目覚めについて我々は論じることができる。さらには人称化以前の生命の意味を問題にすることもできる。このうち一人称的目覚めは最もポピュラーなものである。

「なぜ私はそもそも存在していて無ではないのか」という問いの形でこの目覚めは特徴づけられる。少し言い方を変えると次のようになる。「なぜ私はあのときあそこにではなく今ここにこういう形で存在しているのだろうか」というのがそれである。[12]「存在している」とは「生きている」と同値であるが、このような問いかけにおいては、関心は自己の核心へと集中し、世界は私という一点にまで収縮する。痛み、特に持続する激痛の体験において、この傾向が突出してくることが多いが、歓喜に満ちた情態においてもこの傾向は現れる。いずれにしても、そのとき「私の生命」の「意味」的側面が顕在的となる。このとき「生命」は「私の存在」としての「心」ないし「精神」と表裏一体のものとして感得されている。それゆえ生物学的生命のメカニズムには、ほとんど関心が払われない。ただし、思慮深い人ないし教養があり哲学と科学の接点に食い入ることができる人なら、私の実存としての生命と生理的次元の関係に目を開くことができるであろう。ちなみに心身問題は、まさにこの契機から発してくる。

　次に二人称的目覚めは「汝」「君」「あなた」「お前」という他者の生命への関心から生じる。無二の親友や恋人の死は、生命の意味の二人称的目覚めを引き起こす最も顕著な現象である。またペットロスの体験にも現れてくるように、動物も二人称的存在として受け取られうる。ともかく二人称的目覚めにおいては、汝としての他者は自己と同等の生命の尊厳をもったものとして感受される。ここで社会性の最も基本的な形態が現れる。つまり、生命は私だけのものではなく、私の分身に等しい「汝」のものでもあり、それに対して私は自分に関与するかのように対処しなければならないのである、という社会性の萌芽が生まれるのである。その際、汝は「どうでもいいモノ」ではなく「尊厳をもった人格的存在」として受け取られる。人格的存在として受け入れられるのはよい傾向であるが、情感に掉さして生命の生理学的実質が無視されることは否めない。もし君の恋人が急性骨髄性白血病で後一年の命であるとしたら、二人称の生命の生理学的側面も顧慮せざるをえないであろう。医者にとっても患者は「汝」であり、実験用のモルモットではない。ただし、患者の命を救うべしという医者の使命にとって、患者は「生理学的物質システム（つまりモノ）でもある人格的存在」として理解されなければならない。そのように理解することが、隣人としての患者、ならびにその患者を自分の分身のように愛する人に最大の恩恵をもたらすのである。なお二人称的目覚めは、自分の最良の仲間としての汝に定位するものであって（その際「我々」という二人称複数の形態が含まれるのは言うまでもない）、敵とか親交のない人は視野に入ってこない。その意味で、まだ近代的自我のせせこましい主観性に呪縛されており、真の社会性を体得していない、と言える。つまり「生きとし生けるもの」への尊敬の念が、まだ生じていないのである。

それでは三人称的目覚めとはいかなるものであろうか。三人称というと、単純に「彼」や「彼女」という人称代名詞を連想してしまうが、「彼」や「彼女」は直前に述べた「汝」とあまり変わらない。生命の目覚めという観点から見ると、「彼ら」や「あの人たち」という複数形の方が重要である。「彼ら」や「あの人たち」は基本的に不特定多数の第三者集団を指示するが、それには敵対者や異邦人も含まれる。彼らは自分ないし自分たちの分身のように感情移入できない。そうした彼らの生命の意味に目覚めるとは、いかなる事態であろうか。四年に一回開催される国際的大イベントたるオリンピックを思い起こして欲しい。そこでは不断いがみ合っている国同士も、スポーツ精神に則ってお互いの健闘を讃え合う。異文化交流における異国の伝統や生活様式に対する驚嘆の念もまた生命の意味の三人称的な目覚めの好例である。こうした目覚め方は、一人称や二人称のそれと違って、客観性を帯びている。それゆえ生理学や生物学における客観的な生命理解と合い通じる性質をもっている。生命の意味は、主観性を帯びた人格の尊敬の念と結びつくと、情感に流されて、生理学的物質性から切り離されて理解されがちとなる。しかし、それでは生命の意味は十分捉えられない。「意味」というと、一般的に内面的観念に結びついた価値的特質を連想する人が多いが、それはミードの言うように的外れである。意味は社会文化的環境における人間的交流（これには言語によるコミュニケーションと共に身体的触れ合いも含まれる）から創発する客観的関係の組織化なのである。それゆえ、一人称や二人称における切実な生命の意味も、三人称的な客観的理解を媒介項として考えれば、生理学や分子生物学における生命のメカニズムの解明と無縁ではないことが分かる。もちろん、それぞれの理解の仕方には相応の価値があり、住み分けが必要だが。

生命は個人のものであると共に社会の共有財産でもある。さらに、それは自然界の生態系のサイクルの一要素である。それゆえ生命の意味を内面的心性に括り込む姿勢は狭量だということになる。そして、この心性が一人称的理解のみならず二人称的理解にも浸透していることは銘記されるべきである。「我々‐意識」は、偏向すると他者の排除や迫害へと逸脱しやすい。その際立った例は、レヴィナスの言うように、ナチズムである。第二次世界大戦中の日本人の集団意識も常軌を逸したもので、「鬼畜米英」という文句にも表れているように、敵対国の人々の生命の尊厳は完全に無視されていた。

ここで注意しなければならないのは、生命が社会の共有財産であると理解しても、それが排他的「我々‐意識」を下部構造にすると、異質な他者の生命を蔑ろにする集団意識を引き起こし、ひいては迫害行動へと走らせる破目になる、ということである。これに類したことは、国家間の戦争に見られるような直接的破壊性はないものの、日常小さな規模でたくさん起きている。たとえば、政界や企業や大学での派閥抗争、市町村合併における確執関係、小中学校におけるいじめ、などがそれである。これらはすべて歪んだ「我々‐意識」を基盤とする逸脱行動であり、他者の存在の意味が斟酌されていない。

それでは真の社会性を身につけ、自己の生命を充実させると共に他者の生命の尊厳を守り、全体としての生態系の存続に寄与するためには、どのような姿勢が必要であろうか。また、どのような契機がその姿勢を生み出すのであろうか。簡単に言うと、それは、自分がちっぽけな死すべき存在であることをわきまえ、私利私欲に走ったり、それが実現しないからと他者を妬んだりいじめたりすることが、いかに虚しいかを悟ることである。しかし、これは簡単そうで意外と難しい。実際には「欲」は動物的本能に左右され、意識による理性的制御では抑えきれない。そこで分をわきまえて、他者の指摘を素直に聞く姿勢が要求される。自分のことは意外と自分自身で見通せるようになっていないものである。ついこういう行動をしてしまったとか、いつの間にか彼に対して悪意をもっていたとか、いうことはよくある。それは意識が自己の全体をモニターできていないからである。

意識は、生物学的生命システムとしての人間有機体の情報中枢たる脳が創発せしめる心的機能である。そして有機体の生理学的情報処理活動のほとんどは無意識下になされる。それゆえ、意識は無意識の生命活動の大海の表面にひょっこりと頭を出しただけの駄々っ子である可能性が高い。駄々っ子の論理を引き回さないためにも、意識の産みの親たる生命の恩恵に思いを馳せなければならない。それはまた自然の奥深さと社会の意識拡張作用の効用を理解することにつながるのである。

これに関連して人称化以前の生命の意味への目覚めについて論じることができる。無意識的生命の活動は本来、非人称的なものである。人称の成立は、生命の創発態としての心の一契機たる「意識」が個体間で交流することを基盤とする。ところが、心の根底に存する、ジェームズ的意味での「純粋経験」は、人称を超えた生命の不可逆の流れを示唆している。つまりジェームズの想定する純粋経験の中心には、もはや「私」はいない。経験の担い手は経験そのものなのである。これは意識を突き抜けた「心＝生命」的存在の様相を暗示している。こうした考え方は一見思弁的超越の極みであり、現実味がないように思われるが、そのようなことはない。脳の働きと情報の概念を深く考えれば、その現実性は意外と容易に理解できる。

脳の神経システムが営んでいる情報処理過程は本来無意識的で、人称が成立する以前の生命的心の働きを体現している。また遺伝子に先天的に蓄えられた生命情報は、ユングの言う集合的無意識の生物学的実体に当たる。集合的無意識とは個体化以前の普遍的なもので、言うまでもなく人称発生以前の原初的心性を表現している。ユング派の人々は集合的無意識を遺伝情報に結びつけることを嫌うであろうが、情報を媒介として心と生命の関係を捉える立場からすると、その結びつけは積極的効用をもたらすものと考えられる。ただしユング心理学のもっている神秘主義的ベールを剝ぎ取って、脱神話化的に再構築し、経験的レベルで分かるように改編すればの話だが。

ちなみに、小我と大我の関係といったものも脱神話化して、情報論的に理解することができる。たとえば、その関係を個人の意識と社会の情報システムの関係に置き換えてみれば、擬人化のまやかしに思われた思想が、にわかに現実的なものに感じられるであろう。個人の意識は、一見純粋な内面性から発してくるように思われるが、その発生には社会の情報構造が深く関与する。後者なしには前者の成立はありえない。個人の意識の座は脳であるが、脳神経回路の情報システムの編成には、その個体の置かれた社会の情報的構造とシステムが反映し、脳と社会の間にはシステム的相即関係が成立する。これが、現象論的レベルでは、個人の意識と社会の情報システムの構造的相即関係となる。このことは「社会の意識拡張作用」という観点から見ると分かりやすい。

「島国根性」という言葉があるように、異国へ行ったり、異質な土地柄や異文化を体験したりする機会の少ない人々は、視野が狭く意識が地域内で閉じている。彼らの多くは、自分の居住地を過剰に自慢するか、不満をぶちまけるかのどちらかである。つまり彼らは、排他的で意識の地平の延び広がりの力が弱いのである。それに対して、転居を繰り返した経験のある者や旅行に頻繁に出かける人は、社会的意識の地平が豊かに延び広がっている。現在の居住県に海がなく観光地が少なかろうと気にしない。なぜなら、かつて住んでいた所にはそれらがあったし、今でも電車で一時間も行けば、そうした場所に着くからである。ところが、生まれてから一地域にとどまっていて社会的行動範囲と意識の視野が狭い人は、そのことに気づかない。たとえば、東京都の八王子と埼玉県の浦和では、前者の方が海から遠いし、観光地へのアクセスはほぼ同等である。また、都心へのアクセスは後者の方がよいし、地元の発展振りは同等である。ところが浦和の人には「海がなく観光地が少ないダサイタマ県民」という意識が刷り込まれている。もちろん浦和に誇りをもっている人もいるが、基本的に隣の東京都に対するコンプレックスは強い。ちなみに、筆者は青森県で生まれ育ち、大学に入ってから二五年間東京に住み、三年前浦和に引っ越してきた。浦和の中でも特に住環境のよい南浦和という所である。このような居住遍歴をもつ筆者の意識は開いており、浦和に住みつつ東京を一〇倍楽しむ方法を身につけている。それに対して生粋の浦和っ子の中には、東京にさえ移り住めばコンプレックスが解消する、と考える人が間々いる。

少しローカルな話になって恐縮だが、こうした観点を敷衍すると当然のごとくコスモポリタニズムに行き着くのは、誰もが認めることであろう。そして前に挙げた、無医村に赴く若い医師の例も参照すれば、こうした開いた社会意識が「生きとし生けるもの」への愛情へとつながることは自ずと分かるであろう。

「生命の意味に目覚めるとき」などと言うと、何か深刻で仰々しいものを連想する人も多いかと思うが、実はさりげないものなのである。それでいて海のような深さと天空のような広大さをもっている。奇を衒う必要はない。素直にシラケ心を捨て去って、社会的意識の拡張を心がけ、自然の奥深さを理解する姿勢を堅持すればよいだけなのである。また、しつこいようだが、脳や遺伝子の働きを人間の尊厳を考える際に排除する必要はない。人間の尊厳もまた自然主義的に理解可能であるという態度を創発主義によって洗練すればよいだけなのである。

5　生命・時空・意識

生命のもち時間は限られている。しかし自然の空間性は豊饒である。私が死んでも他の私が生命の大いなる連鎖を継承してくれる。意識は本来私のものである。しかし他者についても「彼が〈私〉であることを認めることができる」とするなら、私の意識は実は小さな私の殻を破って、既に他者へと延び広がっていたのである。このように意識は個のものであると同時に個を超えた側面を有している。なぜなら意識は生命の創発態だからである。

意識には流れがある。それと同じように生命にも流れがある。意識には浮き沈みがある。同様に生命にも浮き沈みがある。意識には拡張と萎縮がある。生命についても同様である。このように意識と生命は双子の兄弟のような類似性をもっており、両者の間には構造的相即関係が成り立っている。なぜなら、創発態としての意識が、その発動に際して創発元の生命を自らの所有物として感受するからである。換言すれば、意識は機能が立ち上がるとき生命の情報にアクセスするのである。ただし、それは生命の表層部に限られる。生命には意識に反映されない無意識的深層構造がある。しかし身体は知っている。生命の奥深い本性を。なぜなら身体は生命の無意識的活動が自然に向けて放散されるための媒体であり、意識の内面性を外面的行為に切り替える際に生命の深層情報に直接アクセスできるからである。

身体運動がスムーズになされているとき、意識は内面へと向かわず、周囲世界へと拡散される。つまり、意識のもつリカーシヴな働きが抑制され、身体運動を制御するための「覚（awareness）」として機能するのである。これは、要するに意識が身体の奴婢となり、環境の中で有機体が生命を維持するための道具となる、ということである。そして、この傾向が極まると「覚」の機能すら消尽点へと向かい、朦朧状態となる。次に挙げるのは、その際立った例である。

或る鉄道員は組合大会でつるしあげられた後失踪し、九日目に帰宅した。ただ汽車に乗っていなければならないという気もちしかなく、大阪、仙台、青森の駅を通ったことは思い出せた。無料パスの自分の名を見て、これは誰だろう、どうしてこんなもので汽車に乗れるのかといぶかったことも思い出せた。このパスでうまく旅行し、食事も摂ったらしいが、このことについては思い出せなかった。(13)

このような心因性の朦朧状態では意識混濁は目立たないが、意識が狭くなって少しのものだけしか意識されず、過去から現在までの自己の歴史の意識も断たれ、以前の自分とは連絡のない別の人間になってしまう(14)。つまり、注意の機能が、生存を維持するための最低限にまで低下し、行為の主体が自分であるという再帰的意識がほとんどなくなってしまうのである。そして、それと連動する形で意識の流れをモニターする自己言及的時間意識が機能しなくなる。しかし、基本的な社会的行為とそれを可能ならしめる身体運動の空間性は維持される。この鉄道員の場合、普段やりなれて習慣として身についた「汽車に乗って駅をめぐる」という行為は、滞りなくなされている。これは、無意識の習慣的身体性のなせる業である。ただし、ここで「無意識の」というのは、全く意識に上ってこないということではなく、意識に上ってきていることが自覚されないということである。

こうしてみると意識は二重人格のような性質をもっていることが分かる。つまり、それは、一方で自分の心的活動をモニターし身体の運動を支配しているという表の部分をもち、他方で身体の奴婢となり自分の活動を明確に自覚しないという裏の部分をもつのである。表の部分では時間性が明確に作動し、身体運動の空間性が自分のものとして自覚される。それに対して裏の部分では時間性が背後に退き、身体運動の無自覚的整合性のみが維持される。すなわち時間性の機能が衰退しても、行動を制御するための空間布置の基本的働きは弱まらないのである。これは動物的生命性を示唆する意識の側面である。

意識は生命エネルギーの発現に他ならない。換言すれば、生命の原初的活動が身体を介して意識として放散されるのである。これは、生物のもつ無意識的生活機能が意識的認知活動を創発せしめるプロセスを示唆する。そして、このプロセスを生命活動に特有の時間性と空間性、あるいは両者の融合体である時―空が構成する。

この宇宙に生命をもった個体が現れ、それが進化して心的機能の端くれをもつ生物となり、それがさらに長い進化の過程を経て意識をもった社会的存在者、つまり人間になった。生物進化の過程でいつ意識が創発したかを明確に規定するのは難しいが、よく言われるのは、猿人（アウストラロピテクス）から原人（ホモ・エレクトス）への進化において発話のための器官が成熟し、言語機能が獲得されたことである。アウストラロピテクスは初めて二足歩行になった霊長類であるが、若干前屈みで脊柱の垂直方向への伸びがまだ不完全であった。それゆえ彼らの対面様式は言語によるコミュニケーションを生み出すような域には達していなかった。また、直立性の未成熟は、手の機能の未熟さとしても表れ、文字記号の使用には至らなかった。それに対して、それらがより進化したホモ・エレクトスにおいては、発話と書字、つまり言語機能の原初的形態が現れ、今日の人間（ホモ・サピエンス）に見られる意識機能の原型が創発したとみなされる。[15]

脊柱の垂直方向への伸びは、脳の容積の増大を伴い、その機能を高めた。また言語機能の獲得は、記憶と再帰的認知の働きを強化し、自己意識の確立に寄与した。[16]そしてこれが、最終的には「自らの死を案じ、生命の意味を問い、他者との社会生活を円滑化しようとする」現行の人間の意識へと進化したのである。[17]

死へと関わる実存的意識は時間性を、身体を介して他者や社会的環境へと関わる行動様式は空間性を、それぞれ示唆する。生命の働きは、こうした時間性と空間性を統括するもので、この二つの契機を介して意識を創発せしめる。その意味で意識は生命の手下ないしは道具である。このことを理解すると、人間以下の動物の行動にも意識の潜勢態を看取できるようになるし、自分が体験する無意識的で動物的な行動にも意識の片鱗を見出せるようになる。先に挙げた心因性朦朧状態は、それを暗示するためのものである。

自然体で生きるということは、意識の精神的特権性を放下し、謙虚に生命の大いなる連鎖に聴従し、自然の恩恵に感謝することである。そのとき、実存の時間性は生命リズムと調和し、身体運動と人間関係の空間性は生物の共生座標にうまくはまるのである。こうしたことが個人における心身の健康や共同体の秩序形成に寄与することは言うまでもなかろう。

意識の創発は系統発生、つまり生物進化のプロセスから捉えられると共に、個体発生、つまり生命個体の成長のプロセスからも捉えられる。どちらも生命の本質の顕現であることは言うまでもないが、これに時空という契機が深く関わってくる。そして、この時空は生命体の外にある物理的自然界にも延び広がっている、宇宙の根本的構成要素である。それゆえ創発する意識の自然学は、心身的生命体を構成する時空と物理的自然界を構成する時空、つまり内的時空と外的時空を貫いて存立する根源的時空に定位しつつ、意識の創発のプロセスを記述するのである。(18)

注

（1） これには英米の心の哲学だけではなく、独仏の現象学も含まれる。また、西洋哲学の長い歴史の中で、心の問題を扱ったすべての哲学者の思想もこれに加えてよい。

（2） S・プリースト『心と身体の哲学』一二九ページ。プリーストの解説は、難解で晦渋なヘーゲルの思想を現代人に分かりやすく嚙み砕いている。ここに書かれていることは、日常的世界を見渡せば分かることであり、ヘーゲルの文献に直接当たるまでもない。問題は、ヘーゲルという権威が言ったかどうかではなく、こうした主張が事象的に正しいかどうか、なのである。

（3） さらに付け加えれば、哲学と経験科学を分離したがる傾向にも問題がある。なぜ、この両者を分離しなければならないのだろうか。哲学とは、そのように排他的なものであってよいだろうか。

（4） アリストテレスの「形而上学（metaphysica）」は超感覚的世界に関わるというよりは、「続・自然学（meta-physica）」を意味する。つまり、それは物理的自然界の根本的原理の解明の究極という意味を孕んでいたのである。

（5） この主張を主観主義的自然解釈と混同してもらっては困る。たとえば西田幾多郎は、「自然の本体はやはり未だ主客の分れざる直接経験の事実である」と言いつつも、結局は意識即実在の主観主義から、すべてを観念論的に解釈してしまう。この傾向は次の発言において極まる。「我々は全然意識現象より離れた実在を考えることはできぬ。もし意識現象に関係あるが故に主観的であるというならば、純機械的自然も主観的である」。周知のように彼はジェームズの純粋経験の思想から強い影響を受けた。しかし彼とジェームズの立場は実は根本的なところでかなり違っているのである。第1章で説明したように、ジェームズは意識を真実在とみなしていないし、主観的視点を重視していない。彼の立場は自然的実在論である。それに対して西田の立場は、明らかにバークリの主観的観念論に近い。つまり、西田はジェームズの純粋経験を主観主義的に改釈してしまったのである。

そこで、主客未分と言いながら、結局は主観による観念形成に偏る破目になってしまった。それに対してジェームズの純粋経験は中性的一元論に基づいており、主観的視点に偏ることはない。そして、そのような立場を自然理解に応用すると、ホワイトヘッドの有機的自然観に到達する。その自然観は、西田の考えるような主観的なものではない（なお、西田からの引用は『善の研究』岩波文庫、一九八一年、一〇二―一〇五ページからのものである）。

とにかく、西田の『善の研究』とジェームズの『純粋経験の哲学』を読み比べて欲しい。もちろん筆者はジェームズの立場に賛同する。ちなみに主観、客観という概念自体がそもそも駄目だという考え方もある。その際、特に批判されるのは「主観」の方である。こうした構成概念にすぎないものによって意識や感覚の働きは十分捉えることはできない。むしろ大脳生理学や実験心理学（今日風に言えば神経科学や認知科学）の成果を素直に哲学的議論に取り入れた方が得策だとも言える。そもそも、主観と客観という概念を使いこなすことこそ哲学の真骨頂だと考えることに問題があるのだ。この点に関して、加藤尚武『形の哲学』中央公論社、一九九一年を参照。加藤の主張にジェームズが賛成することはあっても西田が賛同するとは思えない。

（6）自由の自然主義的解釈の前例としては、D・デネット『自由は進化する』山形浩生訳、NTT出版、二〇〇五年がある。ただし、彼の自然主義は筆者のそれとは趣旨を異にする。

（7）この点に関して、真木悠介『自我の起源――愛とエゴイズムの動物社会学――』岩波書店、二〇〇一年を参照。

（8）ここで胎生期を含めることには留保が必要かもしれない。しかし、既にこのとき個体化は始まっており、身体の自己組織性は機能し始めている。しかも別の生命体（母親）との共生において。

（9）なお哲学者や心理学者の一部に、思春期における自我体験を、そのまま意識的自我の核心に据えようとする輩がいるので注意が必要である。彼らの論理は、駄々っ子のそれに他ならない。もっと大切なことがあるのだが、それに気づかないのである。

（10）M. Boss, *Lebensangst, Schuldgefühle und psychotherapeutische Befreiung*, H. Huber, Bern, 1965, S. 51（拙訳『不安の精神療法』醍醐書房、二〇〇〇年、四六ページを参照）

（11）Vgl. M. Boss, *op. cit.*, S. 63f.（邦訳、五七ページ以下）

（12）ジェームズは、この「なぜ」の問いに、ショーペンハウエルに倣いつつ注目し、人生の苦悩について具体的真理を語る哲学を称揚する。しかも科学と形而上学と宗教が知恵の統一体を形成するような仕方でのそれを提唱している（『哲学の諸問題』を参照）。ジェームズのこうした観点は生命論にとっても示唆的である。またデネットは自然主義の観点から次のように述べている。「〈なぜ何もないのではなく、何かが存在するのか〉。この疑問が知的な課題となるかどうかについて意見は分かれている。

もしもこの疑問が知的な課題となるのであれば、〈神が存在するからだ〉という答えは、おそらく他のどの答えにも劣らず有効なものであろう。しかしこういう代案だってある。〈何かが存在していて、どうしていけないのだろう。別にかまわないではないか〉」(D. Dennett, *Darwin's Dangerous Idea: Evolution and the Meaning of Life*, Simon & Schuster, New York, 1995, pp. 180f. 山口泰司監訳『ダーウィンの危険な思想』青土社、二〇〇一年、二四五ページを参照)。デネットの発言は確かに痛快だが、深みに向けて熟慮する姿勢が少し欠如している傾向は否めない。今後ジェームズとの比較考証が要求される。アメリカ哲学の奥行きを理解するためにも。

(13) 西丸四方『精神医学入門』南山堂、一九九四年、二五八ページ

(14) 西丸四方、前掲書、二五七ページ

(15) J・C・エックルズ『脳の進化』伊藤正男訳、東京大学出版会、一九九七年、H・トマ『人類の起源』河合雅雄監修・南條郁子訳、創元社、一九九五年、D・ホロビン『天才と分裂病の進化論』金沢泰子訳、新潮社、二〇〇二年などを参照。

(16) デネットは、これを脳の可塑性に結びつけて論じている。Cf. D. Dennett, *Conscousness Explained*, Little Brown & Company, Boston, 1991, pp. 187ff.(山口泰司訳『解明される意識』青土社、一九九八年、二二五ページ以下を参照)

(17) この点に関してニコラス・ハンフリーは鋭い見解を述べている。彼によれば、意識は単に自分の心を覗くものではなく、他者の心のうちを類推する社会的・心理的器官として発展したものである。換言すれば「内なる目」としての主観的パースペクティヴがホモ・エレクトスに授かったのは、他者と共に生存を維持するための社会制度の合理化の必要性の自覚が、霊長類進化の過程で初めて臨界点に達したからなのである。N・ハンフリー『内なる目――意識の進化論――』垂水雄二訳、紀伊國屋書店、一九九四年を参照。

(18) ここで再びアレクサンダーの創発主義的宇宙観の重要性が浮き彫りされる。また彼に強い影響を与えたベルクソンの『創造的進化』も示唆に富んでいる。この二人の思想を踏まえた意識論は、また別の機会に展開することにしよう。

あとがき

意識と自我、ならびにそれらと脳の関係を研究し始めて七年ぐらいになる。この経過の途中で身体の全体性と生命という要因が頭を擡げてきた。これは結局、心脳問題をその源泉たる心身関係論へと引き戻すことにつながった。そこでできたのが本書『自我と生命』である。

「自我」と「生命」は哲学にとっての究極の課題に属す逸品である。本書はそれに真っ向から取り組んだ果敢な試みである、と言えば聞こえはよいが、現実には習作の域を脱していないかもしれない。実際、最後に述べた「創発する意識の自然学」は、またしても未完に終わってしまった。しかし、そうしたことはあまり気にかける必要はない。哲学は永遠の問いかけであり、或る問いかけが次の問いかけを喚起し、長い年月をかけて答えに至るからである（ちなみに永遠とは終わりなき時間ではなく、単に二〇ないし二〇〇年ぐらいの期間を意味する場合がある）。これは、問いかけという「過程」がそのまま「実在」であることを示唆する。

本文の末尾近くで筆者は人類進化論から見た意識の創発について触れた。今後この方向を取り入れて、創発する意識の自然学を彫琢しようと思っている。その際、内的時空と外的時空の相関についての思索を深めなければならないのは言うまでもない。しかし何と言っても興味深いのは「ホモ・エレクトスであるとはどのようなことか」ということ、つまり、ホモ・エレクトスの立場に立って自己と世界を見たらどんな感じなのかを類推することである。これは「コウモリであるとはどのようなことか」という問いよりははるかにイージーだが、人間的意識の自然的起源を実感するための原石となる貴重な問いかけである。ホモ・エレクトスはアウストラロピテクスやホモ・ハビリスに比べると脊柱と骨盤の構造が直立歩行生活の維持により適合し、発声器官と手の器用さが一層進化している。そして結果として脳の容積が増大し、その機能が高まることになった。これが意識の創発の系統発生的基盤となったのである。これは、世界内存在としての生命システム（つまり、有機体が環境の中で生きる様式）が、脳の身体への有機統合を可能ならしめていることを示唆する。やはりダマシオの言うように、脳は身体の獄中の聴衆なのである。

筆者は一〇年前に心身問題を研究の中核に据えて以来、常に科学と対話することを心がけてきた。ただし今回は比較的その姿勢を弱め、哲学色を前面に押し出した。長い思索の道の中で、こうしたことはマンネリ化を防ぐためにも必要なのである。また、この試みの結果浮き上がってきたのは、英米の心の哲学と独仏の現象学の接点への関心である。ちなみにこの際、英米の心の哲学とは、現在の認知神経哲学だけではなく、ジェームズやミードといった先駆者も含んでいる。そして誰よりも巨星として際立ってきたのはホワイトヘッドである。さらに、彼に強い影響を与えたアレクサンダー。そしてベルクソンの創造的進化の思想……。もう興味は尽きないが、それは今後の楽しみとして、今はこれで筆を擱かざるをえない。

フィンクは、フッサールの生涯を「意識という巨人との格闘」と表現している。筆者もまた、この格闘に生涯を捧げる破目になってしまった。ただし、その際「生命」という契機が筆者にとっては不可欠である。研究への原動力は過去の様々な哲学者の思想や文献からではなく問題そのものと事象そのものから発してこなければならない。そして、その事象そのものとは「意識と生命」の「と」なのである。

二〇〇六年一一月一九日　晩秋の休日に

河村次郎

■著者略歴

河村次郎（かわむら　じろう）
1958年　青森県むつ市に生まれる
1984年　東洋大学文学部哲学科卒業
1991年　東洋大学大学院文学研究科博士課程単位取得退学
現　在　東洋大学非常勤講師

主要著作

『時間・空間・身体――ハイデガーから現存在分析へ――』（醍醐書房，1999年），メダルト・ボス『不安の精神療法』（訳・解説：醍醐書房，2000年），『脳と精神の哲学――心身問題のアクチュアリティー――』（萌書房，2001年），「身体-自我の障害と他者経験の空間性」（河本・谷・松尾編『他者の現象学Ⅲ』北斗出版，2004年），『意識の神経哲学』（萌書房，2004年），他。

自我と生命――創発する意識の自然学への道――

2007年4月20日　初版第1刷発行

著　者　河 村 次 郎

発行者　白 石 徳 浩

発行所　有限会社 萌《きざす》 書 房
〒630-1242　奈良市大柳生町3619-1
TEL（0742）93-2234 / FAX 93-2235
［URL］http://www3.kcn.ne.jp/~kizasu-s
振替　00940-7-53629

印刷·製本　共同印刷工業・藤沢製本

ISBN 978-4-86065-027-8